保存版！　30年間の都営バス全型式をカラーで紹介！

昭和末期～平成のバス大図鑑　第6巻

東京都交通局

加藤佳一（BJエディターズ）

国会議事堂前を行く橋63系統。小滝橋車庫からコリアンタウン、高級住宅街、官庁街などを経由して新橋駅に向かう。

Contents

車両工場が併設されており、常に最新鋭車が配置される深川営業所。

都電 都バス 都営地下鉄 系統案内

昭和63年7月10日現在

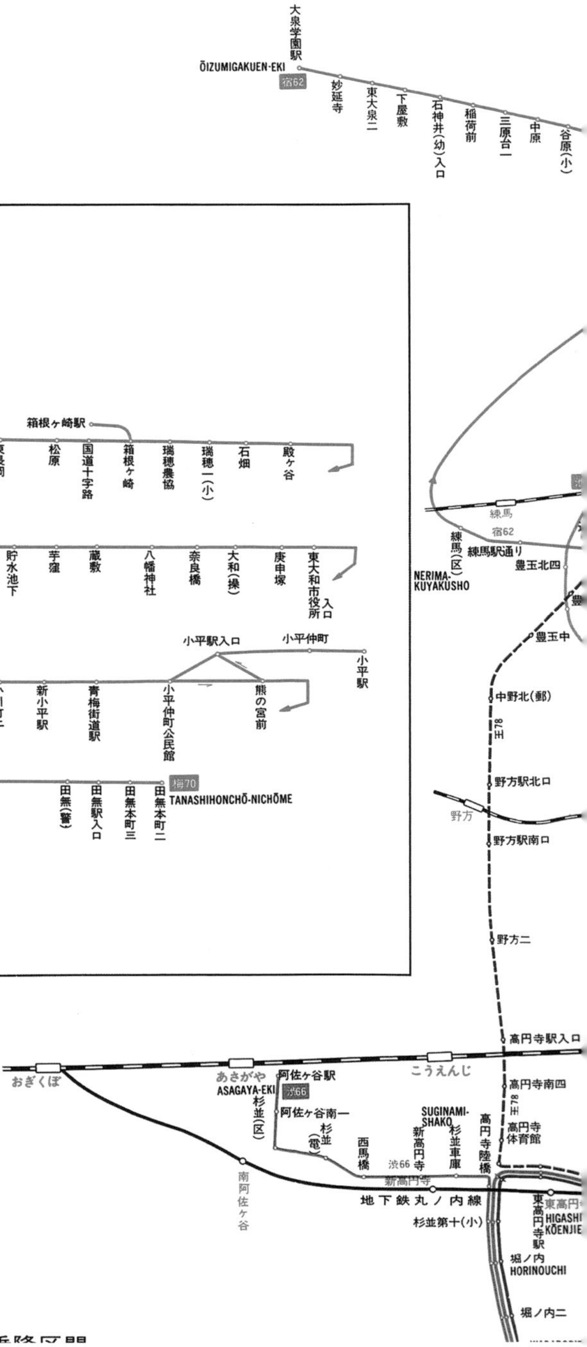

①武蔵野地区

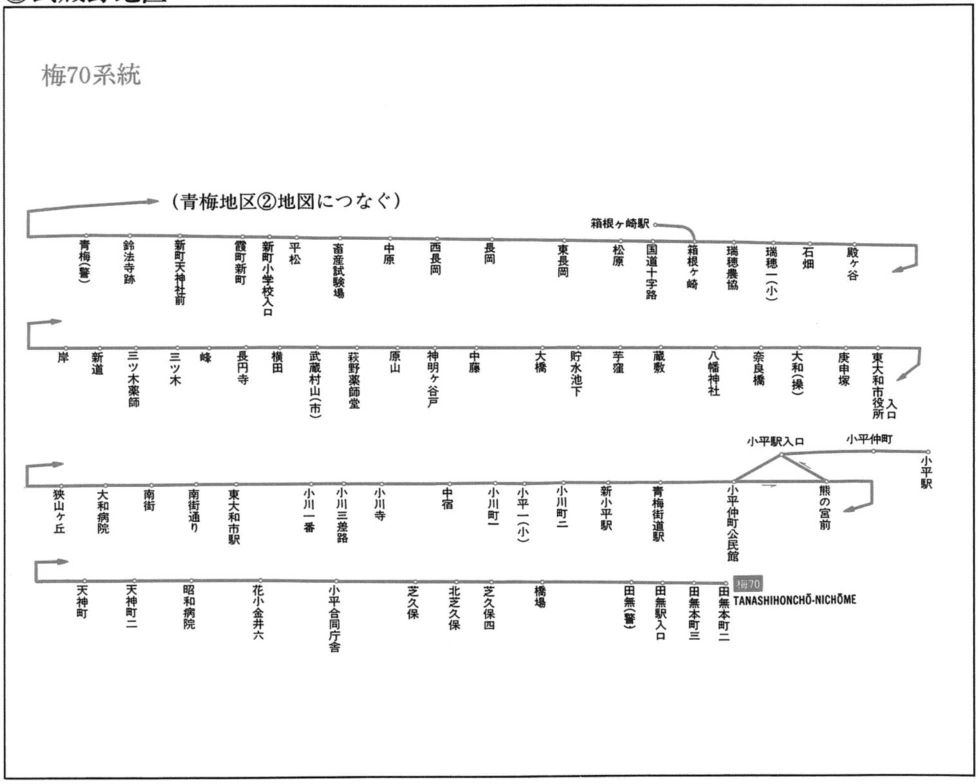

②青梅地区　フリー乗降区間

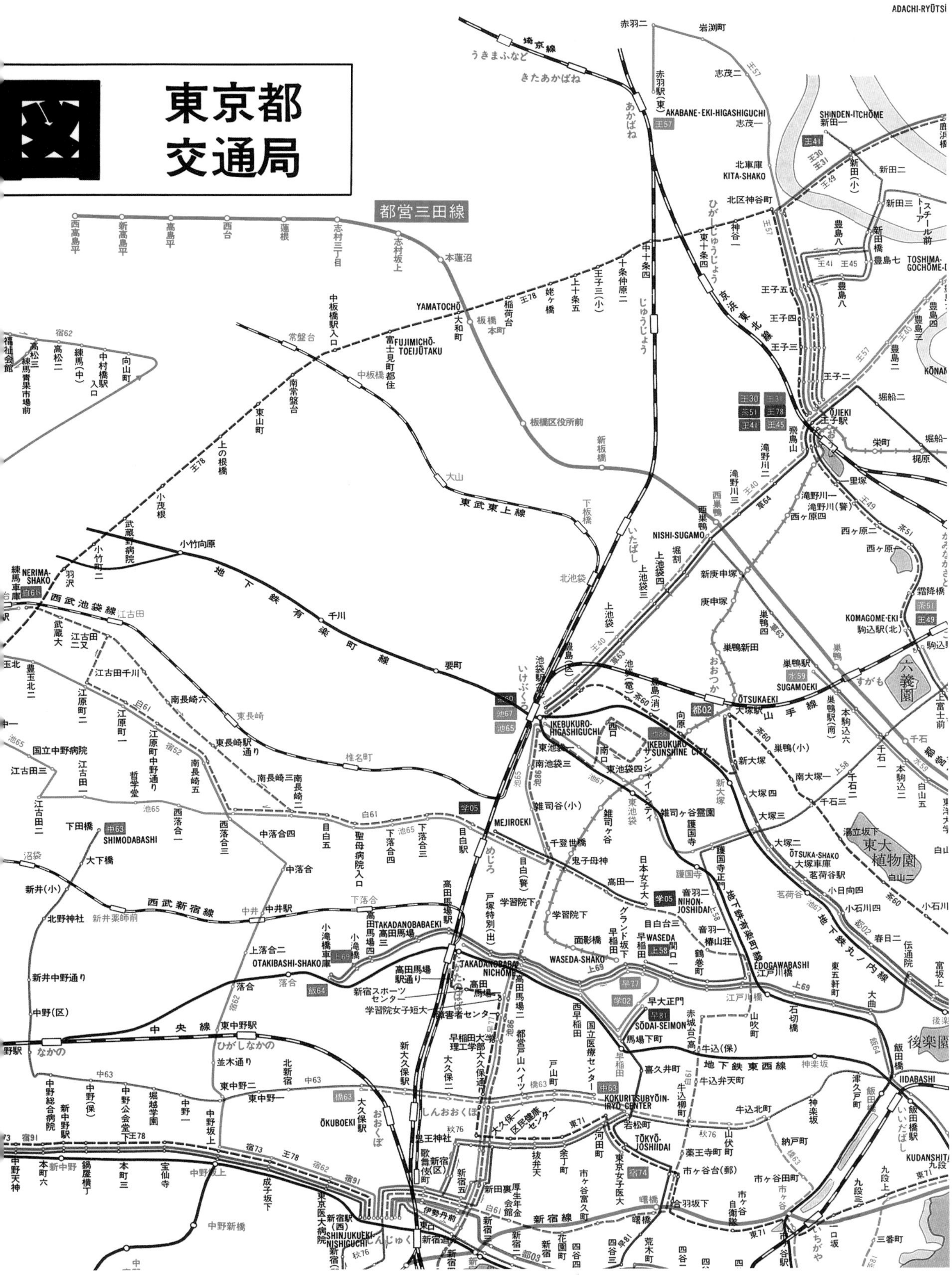

ADACHI-RYŪTSŪ
図 東京都交通局
都営三田線
西高島平
新高島平
高島平
西台
蓮根
志村三丁目
志村坂上
本蓮沼
板橋本町
板橋区役所前
新板橋
西巣鴨
新庚申塚
庚申塚
巣鴨
白山
千石
埼京線
うきまふなど
きたあかばね
赤羽二
岩渕町
志茂二
赤羽駅（東）
AKABANE-EKI-HIGASHIGUCHI
志茂一
あかばね
SHINDEN-ITCHŌME
新田一
新田二
新田三
北車庫
KITA-SHAKO
北区神谷町
神谷一
東十条四
ひがしじゅうじょう
中十条四
十条仲原二
王子三（小）
上十条五
姥ヶ橋
稲荷台
大和町
YAMATOCHŌ
中板橋駅入口
常盤台
富士見町都住
FUJIMICHŌ-TOEIJŪTAKU
中板橋
南常盤台
東山町
上の根橋
小茂根
武蔵野病院
小竹向原
小竹町二
羽沢
練馬車庫
NERIMA-SHAKO
西武池袋線
江古田
武蔵大
江古田二
江古田千川
地下鉄有楽町線
千川
要町
東武東上線
大山
下板橋
北池袋
いたばし
上池袋四
上池袋三
上池袋一
堀割
NISHI-SUGAMO
滝野川三
滝野川二
飛鳥山
王子駅
ŌJIEKI
王子二
王子三
王子四
王子五
豊島八
豊島七
豊島五
豊島二
京浜東北線
じゅうじょう
栄町
堀船二
梶原
一里塚
滝野川一
滝野川（警）
西ヶ原四
西ヶ原二
西ヶ原一
霜降橋
KOMAGOME-EKI
駒込駅（北）
駒込駅
巣鴨新田
巣鴨駅
SUGAMOEKI
すがも
六義園
ŌTSUKAEKI
大塚駅
山手線
おおつか
向原
巣鴨駅（南）
本駒込六
千石一
千石二
千石三
本駒込二
巣鴨（小）
新大塚
南大塚一
大塚四
大塚三
大塚二
ŌTSUKA-SHAKO
大塚車庫
茗荷谷駅
湯立坂下
東大植物園
白山二
小日向四
小石川四
小石川
春日二
伝通院
富坂上
池袋駅
いけぶくろ
豊島（区）
池袋（電）
豊島（消）
IKEBUKURO-HIGASHIGUCHI
IKEBUKURO SUNSHINE CITY
東池袋一
南池袋三
東池袋四
サンシャインシティ
雑司ヶ谷霊園
護国寺
雑司谷（小）
雑司ヶ谷
千登世橋
鬼子母神
高田一
日本女子大
MEJIROEKI
目白駅
めじろ
目白（警）
学習院下
NIHON-JOSHIDAI
音羽二
目白台三
音羽一
椿山荘
グランド坂下
早稲田
WASEDA
関口一
鶴巻町
WASEDA-SHAKO
面影橋
EDOGAWABASHI
江戸川橋
護国寺正門
地下鉄丸ノ内線
東五軒町
大曲
石切橋
山吹町
早大正門
SŌDAI-SEIMON
馬場下町
赤城台（高）
牛込（保）
喜久井町
地下鉄東西線
神楽坂
牛込弁天町
飯田橋
IIDABASHI
後楽園
津久戸町
江戸川橋
牛込柳町
牛込北町
神楽坂
飯田橋駅
いいだばし
KUDANSHITA
九段下
九段上
九段三
納戸町
市ヶ谷田町
市ヶ谷（郵）
薬王寺町
山伏町
TŌKYŌ-JOSHIIDAI
東京女子医大
若松町
KOKURITSUBYŌIN-IRYŌ CENTER
国立医療センター
河田町
余丁町
市ヶ谷富久町
抜弁天
合羽坂下
市ヶ谷自衛隊
曙橋
新宿線
三番町
一口坂
市ヶ谷駅
いちがや
荒木町
四谷三
四谷
花園町
新宿一
東大前
高田馬場駅
TAKADANOBABAEKI
高田馬場二
高田馬場三
高田馬場四
小滝橋車庫
OTAKIBASHI-SHAKO
TAKADANOBABA-NICHOME
高田馬場駅通り
新宿スポーツセンター
学習院女子短大
障害者センター
西早稲田
早稲田大学理工学部
大久保通り
都営戸山ハイツ
戸山町
大久保二
新大久保駅
大久保駅
ŌKUBOEKI
おおくぼ
しんおおくぼ
大久保一
区民健康センター
鬼王神社
歌舞伎町
新宿（区）
新宿五
新田裏
厚生年金会館
新宿三
新宿二
伊勢丹前
東口
新宿駅（西）
SHINJUKUEKI-NISHIGUCHI
しんじゅく
東京医大病院
成子坂下
中野坂上
中野新橋
中野天神
本町六
新中野
鍋屋横丁
本町三
宝仙寺
中野一
堀越学園
中野公会堂下
中野（保）
新中野駅
中野総合病院
東中野一
東中野二
北新宿
並木通り
中央線
東中野駅
ひがしなかの
なかの
中野駅
中野（区）
新井中野通り
上落合二
落合
中井駅
中井
西武新宿線
新井薬師前
北野神社
新井（小）
大下橋
下田橋
SHIMODABASHI
中落合
中落合四
下落合
目白五
聖母病院入口
下落合四
下落合三
戸塚特別（出）
学習院下
西落合一
西落合三
南長崎二
南長崎三
南長崎五
南長崎六
東長崎
東長崎駅通り
椎名町
哲学堂
江原町中野通り
江原町一
江原町二
江古田一
江古田三
国立中野病院
豊玉北一
豊玉北二
向山町
中村橋駅入口
練馬（中）
高松二
高松三
練馬青果市場前

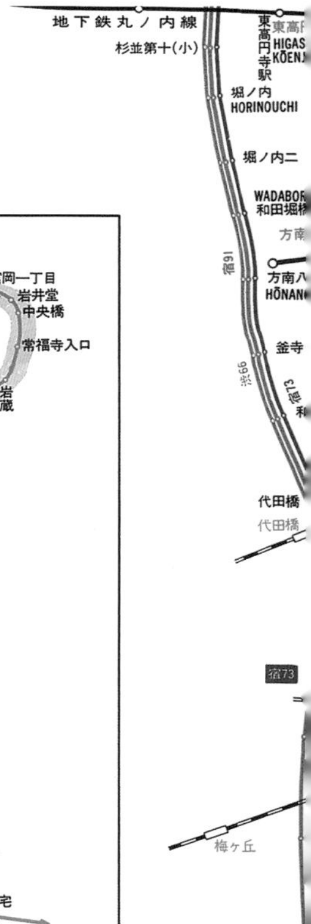

②青梅地区

フリー乗降区間

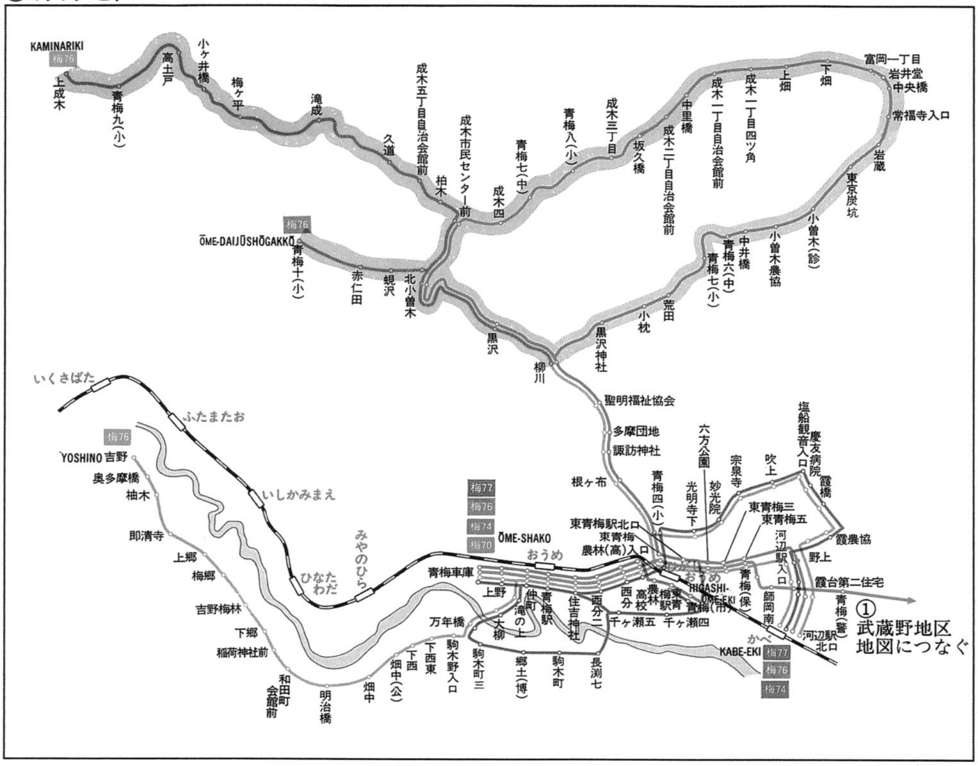

都01系統 グリーンシャトル ◎渋谷駅～新橋駅（5.5キロ）
（都市新バスルート）

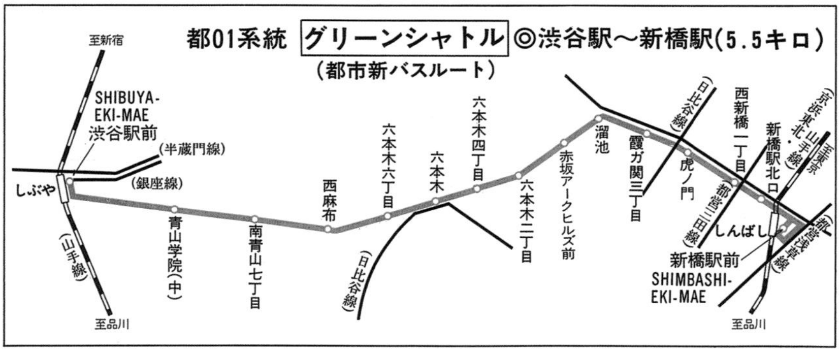

都02系統 グリーンライナー ◎大塚駅～錦糸町駅（10.0キロ）
（都市新バスルート）

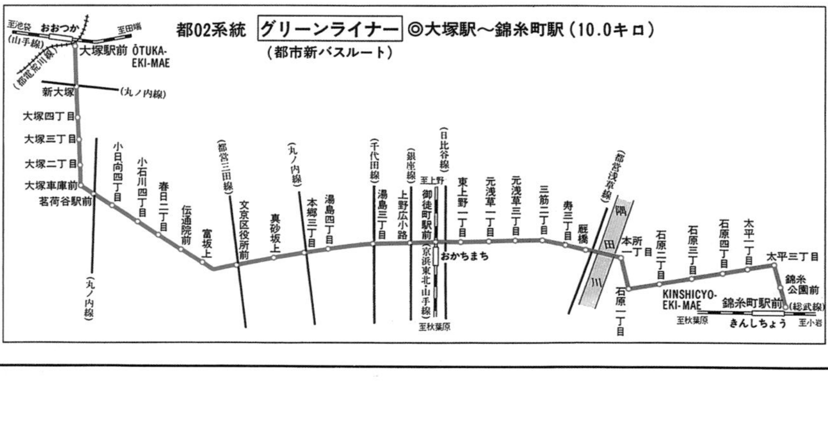

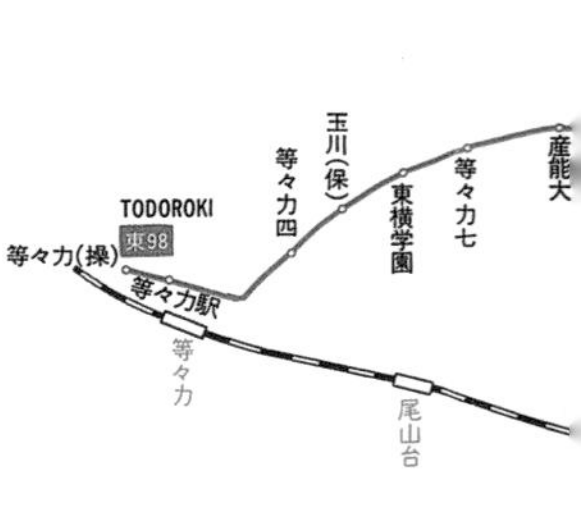

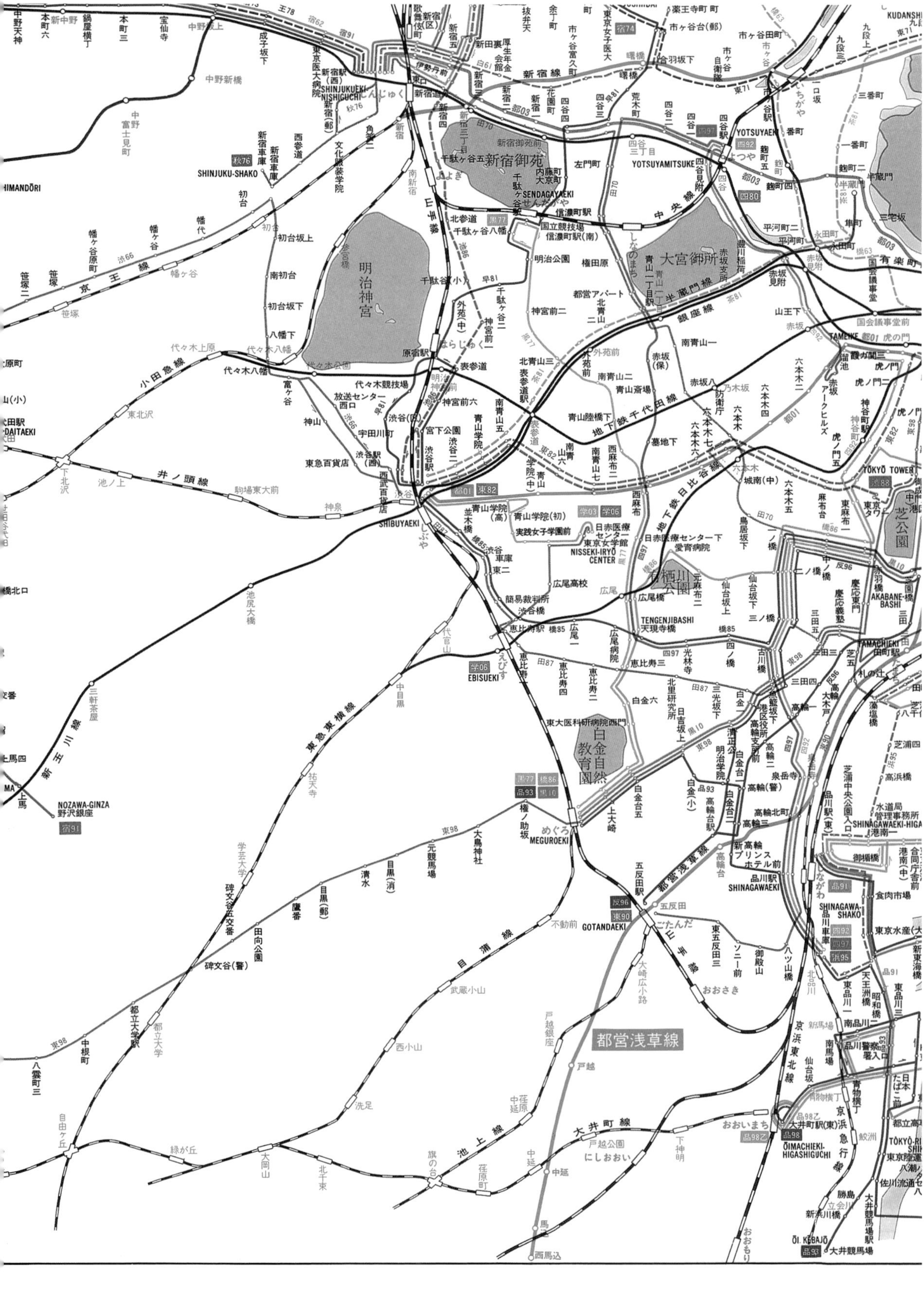
新宿御苑
明治神宮
大宮御所
白金自然教育園
有栖川公園
芝公園
都宮浅草線
新宿線
京王線
小田急線
井ノ頭線
新玉川線
東急東横線
目蒲線
池上線
大井町線
京浜東北線
京浜急行線
山手線
中央線
半蔵門線
銀座線
有楽町線
地下鉄千代田線
地下鉄日比谷線
都営浅草線
SHINJUKUEKI NISHIGUCHI
SHINJUKU-SHAKO
SENDAGAYAEKI
YOTSUYAEKI
YOTSUYAMITSUKE
TAMEIKE
SHIBUYAEKI
NISSEKI-IRYŌ CENTER
TENGENJIBASHI
EBISUEKI
MEGUROEKI
GOTANDAEKI
SHINAGAWAEKI
SHINAGAWA-SHAKO
TAMACHIEKI
AKABANE-BASHI
TOKYŌ TOWER
NOZAWA-GINZA
ŌIMACHIEKI-HIGASHIGUCHI
ŌI. KEBAJŌ
新宿駅(西)
新宿車庫
文化服装学院
初台
幡ヶ谷
笹塚
代々木八幡
代々木上原
代々木公園
原宿駅
表参道
渋谷駅
宮下公園
青山学院
東急百貨店
西武百貨店
神泉
池ノ上
下北沢
駒場東大前
池尻大橋
三軒茶屋
中目黒
祐天寺
学芸大学
都立大学
自由ヶ丘
緑が丘
大岡山
北千束
旗の台
荏原町
中延
戸越公園
下神明
大井町駅(東)
鮫洲
立会川
勝島
新浜川橋
大井競馬場
大井競馬場前
西小山
武蔵小山
不動前
目黒
恵比寿
広尾
白金台
高輪台
五反田
大崎広小路
戸越銀座
戸越
馬込
西馬込
南青山
六本木
赤坂見附
溜池
虎ノ門
神谷町
国会議事堂前
四谷三丁目
信濃町
千駄ヶ谷
外苑前
乃木坂
麻布十番
三田
田町駅
泉岳寺
高輪
品川駅(東)
北品川
新馬場
青物横丁
品川警察署入口
日本たばこ前
東京水産(大)
港南一
芝浦中央公園入口
天王洲橋
東品川
南品川
仙台坂
八ツ山橋
御殿山
ソニー前
東五反田三
明治学院
泉岳寺
高輪警
慶応義塾
三田
東京タワー
九段上
市ヶ谷
麹町
半蔵門
平河町
永田町
国会議事堂
山王下
赤坂
南青山一
青山斎場
青山陸橋下
神宮前
北参道
明治公園
権田原
信濃町駅
千駄ヶ谷五
内藤町
大京町
左門町
荒木町
曙橋
合羽坂下
市ヶ谷田町
薬王寺町
河田町
東京女子医大
抜弁天
余丁町
歌舞伎町
新宿区役所
新宿三
新宿五
厚生年金会館
新田裏
伊勢丹前
中野坂上
中野新橋
中野富士見町
成子坂下
宝仙寺
本町三
本町六
鍋屋横丁
中野天神
八雲町三
中根町
碑文谷(警)
碑文谷五交番
田向公園
鷹番
目黒(郵)
清水
元競馬場
大鳥神社
権ノ助坂
東大医科研病院西門
白金六
北里研究所
日吉坂上
光林寺
広尾病院
恵比寿三
天現寺橋
仙台坂上
仙台坂下
元麻布二
日赤医療センター下
愛育病院
東京女学館
実践女子学園前
青山学院(初)
並木橋
渋谷車庫
広尾高校
簡易裁判所
渋谷橋
恵比寿駅
魚籃坂下
港区役所高輪支所前
古川橋
四ノ橋
三ノ橋
二ノ橋
一ノ橋
鳥居坂下
城南(中)
麻布台
東麻布一
六本木五
六本木七
防衛庁
西麻布
墓地下
南青山七
青山(中)
北青山三
北青山二
アークヒルズ
霞が関三
虎ノ門二
旗の台
全体図

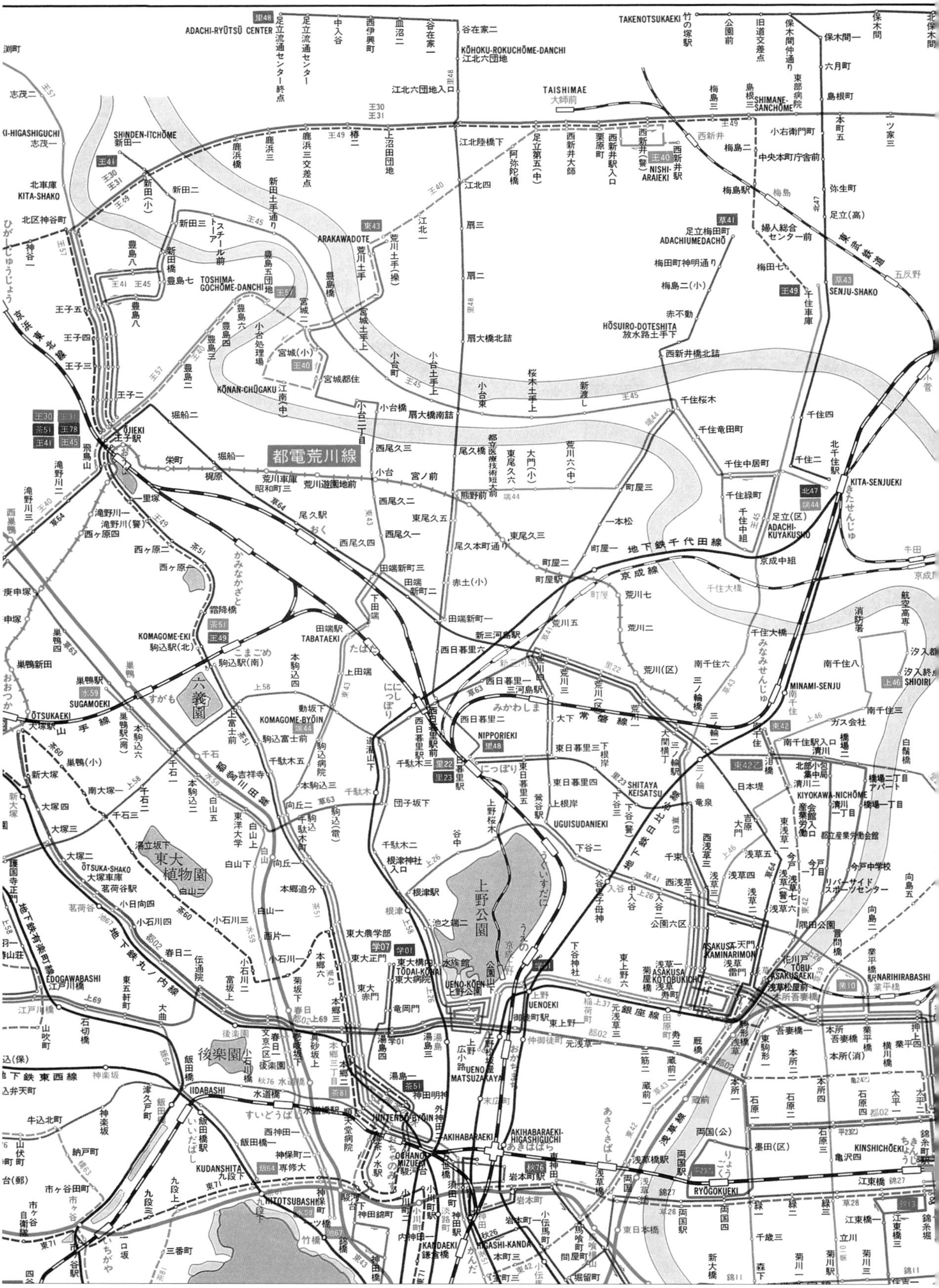
都電荒川線
ADACHI-RYŪTSŪ CENTER
足立流通センター終点
足立流通センター
中入谷
西伊興町
皿沼二
谷在家一
谷在家二
KŌHOKU-ROKUCHŌME-DANCHI
江北六団地
江北六団地入口
TAKENOTSUKAEKI
竹の塚駅
公園前
旧道交差点
保木間仲通り
保木間一
保木間
六月町
東部病院
島根町
TAISHIMAE
大師前
SHIMANE-SANCHŌME
島根三
梅島三
小右衛門町
梅島二
中央本町庁舎前
一ツ家三
本町五
弥生町
足立(高)
梅島駅
梅島
婦人総合センター前
足立梅田町
ADACHIUMEDACHŌ
梅田町神明通り
梅田七
梅島二(小)
赤不動
HŌSUIRO-DOTESHITA
放水路土手下
西新井橋北詰
千住車庫
SENJU-SHAKO
東武線
五反野
千住桜木
千住四
千住竜田町
千住中居町
千住二
北千住駅
KITA-SENJUEKI
きたせんじゅ
千住緑町
千住中組
足立(区)
ADACHI-KUYAKUSHO
京成中組
牛田
京成関屋
千住大橋
航空高専
消防署
南千住八
汐入都住
汐入終点
SHIOIRI
南千住三
MINAMI-SENJU
南千住
みなみせんじゅ
ガス会社
南千住駅入口
白鬚橋
橋場二
清川
橋場二丁目アパート
KIYOKAWA-NICHŌME
清川二丁目
橋場一丁目
都立産業労働会館
今戸中学校
リバーサイドスポーツセンター
向島五
向島二
言問橋
業平橋
NARIHIRABASHI
TOBU-ASAKUSAEKI
浅草松屋前
本所吾妻橋
吾妻橋一
本所吾妻橋
業平橋
横川橋
本所(消)
本所二
本所四
石原二
石原四
太平一
錦糸町
KINSHICHŌEKI
亀沢四
江東橋
錦糸堀
江東橋一
江東橋三
菊川駅
菊川三
菊川一
立川
緑一
緑三
千歳三
森下
新大橋
両国四
両国駅
RYŌGOKUEKI
両国(公)
墨田(区)
石原一
本所一
厩橋
蔵前
蔵前一
蔵前二
三筋二
寿三
田原町
浅草線
浅草橋
浅草橋駅
東日本橋
馬喰町
小伝馬町
岩本町
岩本町駅
東神田
秋76
あきはばら
AKIHABARAEKI-HIGASHIGUCHI
AKIHABARAEKI
秋葉原駅
JUNTENDO-BYŌIN
順天堂病院
OCHANOMIZUEKI
御茶ノ水駅
おちゃのみず
神田明神
湯島一
湯島四
湯島三
上野広小路
UENO-MATSUZAKAYA
上野松坂屋
上野公園
UENO-KŌEN
上野駅
UENOEKI
御徒町駅
仲御徒町
元浅草一
元浅草三
稲荷町
新上野一
銀座線
上野桜木
うぐいすだに
UGUISUDANIEKI
鶯谷駅
上根岸
下谷二
下谷三
下谷(警)
SHITAYA KEISATSU
入谷
中入谷
入谷鬼子母神
千束
西浅草三
浅草三
浅草四
浅草五
浅草二
浅草六
浅草七
今戸二
今戸一丁目
吉野
東浅草一
竜泉
大関横丁
三ノ輪
三ノ輪橋
三ノ輪二
日本堤
泪橋
清川二
北部小包集中局
産業会館
ASAKUSA-KAMINARIMON
浅草雷門
浅草一
浅草寿町
ASAKUSA KOTOBUKICHŌ
菊屋橋
東上野六
下谷神社
公園六区
大谷二
日暮里駅
NIPPORIEKI
にっぽり
西日暮里駅前
西日暮里駅
西日暮里一
西日暮里二
西日暮里三
西日暮里六
三河島駅
みかわしま
新三河島駅
荒川五
荒川七
荒川二
荒川三
荒川(区)
荒川一
常磐線
京成線
町屋駅
町屋
町屋一
町屋二
町屋三
一本松
地下鉄千代田線
地下鉄日比谷線
東日暮里三
東日暮里四
東日暮里五
下根岸
大下
荒川四
三ノ輪橋
田端駅
TABATAEKI
たばた
田端新町一
田端新町二
田端新町三
下田端
上田端
東尾久五
東尾久三
東尾久六
尾久本町通り
西尾久一
西尾久二
西尾久三
西尾久四
尾久駅
おく
熊野前
都立医療技術短大前
大門(小)
荒川六(中)
尾久橋
小台
宮ノ前
荒川遊園地前
荒川車庫
昭和町三
梶原
栄町
堀船一
堀船二
王子駅
OJIEKI
飛鳥山
王子二
王子三
王子四
王子五
一里塚
滝野川一
滝野川(警)
滝野川二
滝野川三
西ヶ原四
西ヶ原二
西ヶ原一
霜降橋
かみなかざと
駒込駅(北)
KOMAGOME-EKI
駒込駅(南)
こまごめ
本駒込四
KOMAGOME-BYŌIN
駒込病院
動坂下
駒込富士前
千駄木五
千駄木三
吉祥寺
本駒込三
向丘二
千駄木
千駄木駅
駒込(電)
団子坂下
千駄木二
根津神社入口
根津駅
根津
谷中
池之端二
上野公園
東大農学部
東大正門
東大病院
東大構内
TŌDAI-KŌNAI
東大赤門
竜岡門
本郷三丁目
本郷二
本郷六
湯島四
春日
富坂上
西片一
白山一
白山上
白山下
白山五
向丘一
東洋大学
本郷追分
六義園
すがも
巣鴨駅
SUGAMOEKI
巣鴨四
巣鴨新田
大塚駅
ŌTSUKAEKI
山手線
巣鴨(小)
巣鴨川(警)
本駒込五
千石
千石一
千石二
千石三
本駒込二
白山五
湯立坂下
東大植物園
白山二
小石川三
小石川四
小石川二
小石川一
茗荷谷駅
茗荷谷
小日向四
春日二
伝通院
富坂上
ŌTSUKA-SHAKO
大塚車庫
大塚二
大塚三
大塚四
南大塚一
新大塚
新大塚
護国寺正門
地下鉄有楽町線
地下鉄丸ノ内線
EDOGAWABASHI
江戸川橋
江戸川橋
東五軒町
石切橋
大曲
山吹町
後楽園
後楽園
文京(区)
飯田橋
飯田橋駅
IIDABASHI
いいだばし
水道橋
すいどうばし
地下鉄東西線
神楽坂
牛込北町
津久戸町
神楽坂
山伏町
納戸町
KUDANSHITA
九段下
九段上
九段三
市ヶ谷田町
市ヶ谷
市ヶ谷自衛隊
市ヶ谷駅
いちがや
一口坂
三番町
HITOTSUBASHI
一ツ橋
竹橋
錦橋
神田錦町
KANDAEKI
神田駅
鎌倉橋
HIGASHI-KANDA
本町三
問屋町
堀留町
神田須田町
小川町
小川町
駿河台下
神保町
神保町二
専修大
飯田橋一
西神田一
北区神谷町
北車庫
KITA-SHAKO
ひがしじゅうじょう
神谷一
志茂二
志茂一
京浜東北線
SHINDEN-ITCHŌME
新田一
新田(小)
新田二
新田三
新田橋
スチールトーア前
豊島八
豊島七
TOSHIMA-GOCHŌME-DANCHI
豊島五団地
豊島橋
宮城二
宮城(小)
宮城土手上
小台処理場
豊島六
豊島四
豊島三
豊島二
KŌNAN-CHŪGAKU
江南(中)
宮城都住
小台橋
小台二丁目
扇大橋南詰
ARAKAWADOTE
荒川土手
荒川土手(操)
江北一
扇三
扇二
扇大橋北詰
小台町
小台土手上
小台東
桜木土手上
新渡し
江北陸橋下
江北四
阿弥陀橋
足立第五(中)
西新井大師
栗原町
西新井駅入口
西新井(警)
NISHI-ARAIEKI
西新井駅
西新井
鹿浜橋
鹿浜三
鹿浜三交差点
新田土手通り
椿二
上沼田団地
志茂二

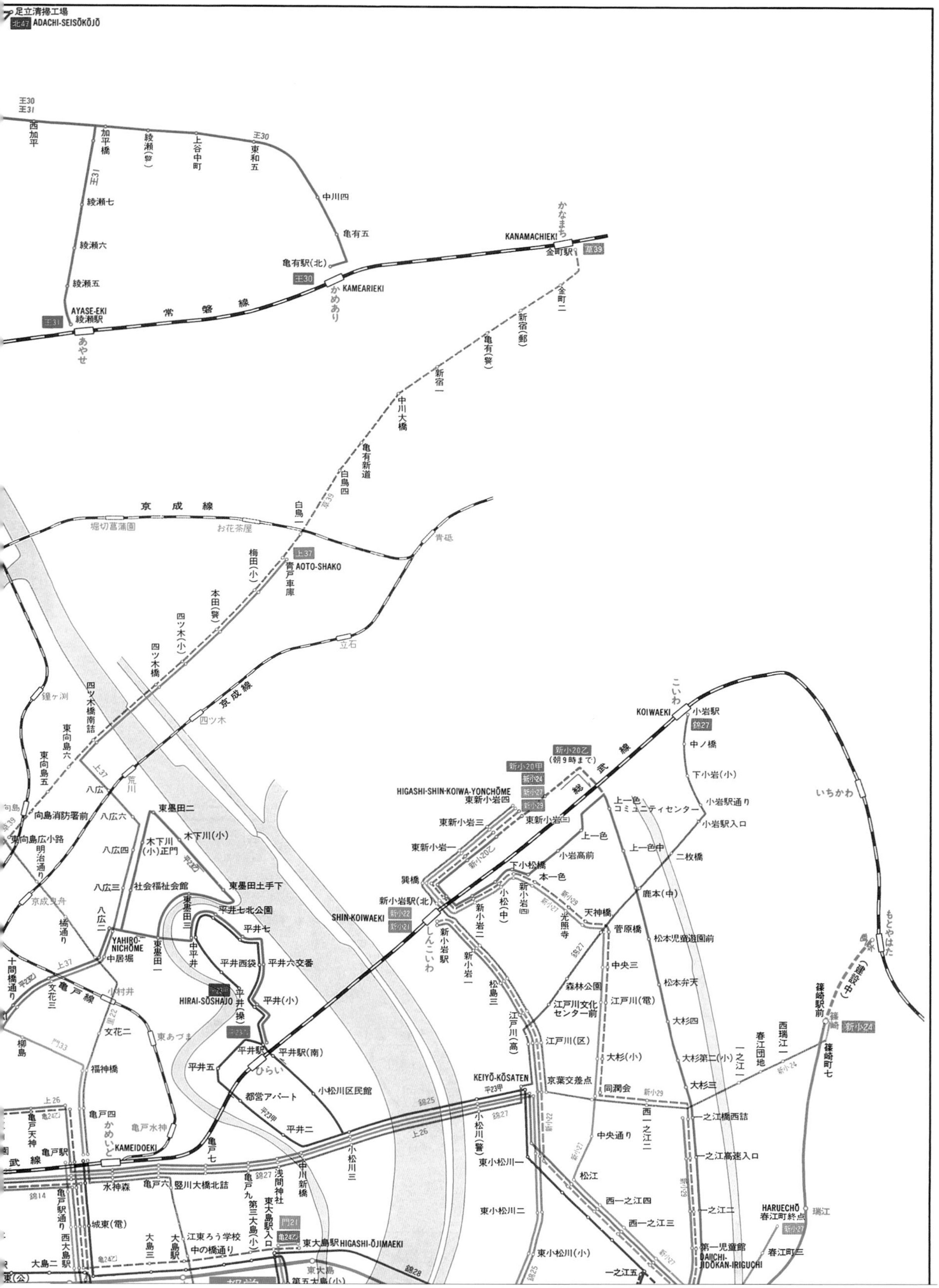
足立清掃工場
北47 ADACHI-SEISŌKŌJŌ
王30
王31
西加平
加平橋
綾瀬(警)
上谷中町
東和五
中川四
亀有五
綾瀬七
綾瀬六
綾瀬五
亀有駅(北)
王30
KAMEARIEKI
かめあり
KANAMACHIEKI
かなまち
金町駅
草39
金町二
新宿(郵)
亀有(警)
新宿一
中川大橋
亀有新道
白鳥四
白鳥一
常磐線
AYASE-EKI
綾瀬駅
王31
あやせ
京成線
堀切菖蒲園
お花茶屋
青砥
上37
青戸車庫 AOTO-SHAKO
梅田(小)
本田(警)
四ツ木(小)
立石
四ツ木橋
四ツ木橋南詰
鐘ヶ淵
四ツ木
京成線
東向島六
東向島五
上37
八広
荒川
向島
向島消防署前
八広六
東墨田二
東向島広小路
木下川(小)
八広四
木下川(小)正門
明治通り
八広三
社会福祉会館
東墨田土手下
京成曳舟
八広二
東墨田三
平井七北公園
平井七
橋通り
YAHIRO-NICHOME
中居堀
東墨田一
中平井
十間橋通り
上37
平井西袋
平井六交番
文花三
亀戸線
小村井
HIRAI-SŌSHAJO
平井(操)
平井(小)
文花二
東あづま
柳島
福神橋
平井五
平井駅
平井駅(南)
ひらい
都営アパート
小松川区民館
平井二
上26
亀戸四
亀戸天神
亀戸水神
かめいど
KAMEIDOEKI
亀戸駅
亀戸七
武線
錦25
上26
水神森
亀戸六
竪川大橋北詰
亀戸九
浅間神社
中川新橋
小松川三
錦14
錦27
亀戸駅通り
第三大島(小)
東大島駅入口
城東(電)
門21
亀24乙
江東ろう学校
中の橋通り
大島三
大島駅
西大島駅
大島二
東大島駅 HIGASHI-ŌJIMAEKI
東大島
第五大島(小)
錦28
東(公)
こいわ
KOIWAEKI
小岩駅
錦27
中ノ橋
下小岩(小)
小岩駅通り
小岩駅入口
いちかわ
新小20乙
(朝9時まで)
新小20甲
新小24
新小27
新小29
総武線
HIGASHI-SHIN-KOIWA-YONCHŌME
東新小岩四
東新小岩三
東新小岩(三)
上一色コミュニティセンター
東新小岩一
上一色
小岩高前
上一色中
二枚橋
下小松橋
本一色
巽橋
新小岩駅(北)
小松(中)
新小岩(四)
鹿本(中)
天神橋
光照寺
菅原橋
松本児童遊園前
SHIN-KOIWAEKI
新小22
新小21
新小岩駅
しんこいわ
新小岩二
新小岩一
松島三
中央三
森林公園
松本弁天
江戸川文化センター前
江戸川(電)
江戸川(高)
江戸川(区)
大杉四
もとやはた
(建設中)
篠崎駅前
篠崎
新小24
篠崎町七
大杉(小)
大杉第二(小)
西瑞江一
春江団地
一之江一
KEIYŌ-KŌSATEN
京葉交差点
同潤会
大杉三
平23甲
錦27
小松川(警)
新小29
西一之江二
一之江橋西詰
中央通り
東小松川一
一之江高速入口
松江
西一之江四
東小松川二
西一之江三
一之江二
HARUECHŌ
春江町終点
瑞江
新小27
東小松川(小)
第一児童館
DAIICHI-JIDŌKAN-IRIGUCHI
春江町三
一之江五
錦25

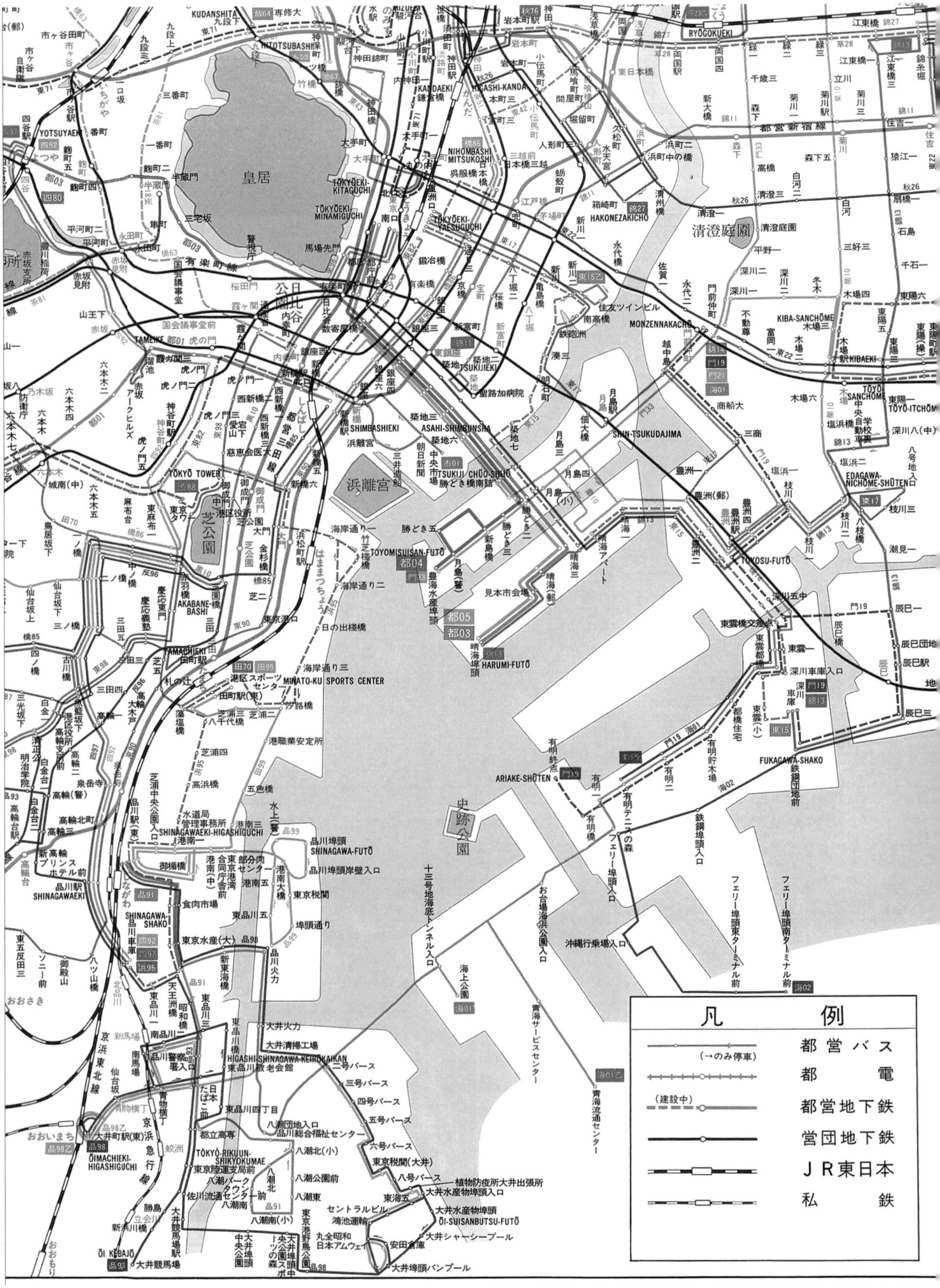
凡　例
都営バス
（→のみ停車）
都電
（建設中）
都営地下鉄
営団地下鉄
ＪＲ東日本
私鉄
皇居
浜離宮
清澄庭園
芝公園
史跡公園
有楽町線
都営新宿線
KUDANSHITA
HITOTSUBASHI
YOTSUYAEKI
KANDAEKI
HIGASHI-KANDA
NIHOMBASHI MITSUKOSHI
TŌKYŌEKI-KITAGUCHI
TŌKYŌEKI-MINAMIGUCHI
TŌKYŌEKI-YAESUGUCHI
HAKONEZAKICHŌ
RYOGOKUEKI
MONZENNAKACHŌ
KIBA-SANCHŌME
KIBAEKI
TŌYŌ-ITCHŌME
TAMEIKE
TSUKIJIEKI
ASAHI-SHIMBUNSHA
SHIMBASHIEKI
TSUKIJI CHŪŌ-SHIJŌ
SHIN-TSUKUDAJIMA
EDAGAWA-NICHŌME-SHŪTEN
TŌKYŌ TOWER
TOYOMISUISAN-FUTŌ
TOYOSU-FUTŌ
HARUMI-FUTŌ
AKABANE-BASHI
TAMACHIEKI
MINATO-KU SPORTS CENTER
ARIAKE-SHŪTEN
FUKAGAWA-SHAKO
SHINAGAWAEKI-HIGASHIGUCHI
SHINAGAWA-FUTŌ
SHINAGAWAEKI
SHINAGAWA-SHAKO
HIGASHI-SHINAGAWA-KEIROKAIKAN
TŌKYŌ-RIKUUN-SHIKYOKUMAE
ŌIMACHIEKI-HIGASHIGUCHI
ŌI-SUISANBUTSU-FUTŌ
ŌI. KEBAJŌ
東雲橋交差点
十三号地海底トンネル入口
お台場海浜公園入口
フェリー埠頭入口
フェリー埠頭東ターミナル前
フェリー埠頭南ターミナル前
沖縄行乗場入口
青海サービスセンター
青海流通センター
海上公園
大井競馬場
大井埠頭バンプール
京浜東北線

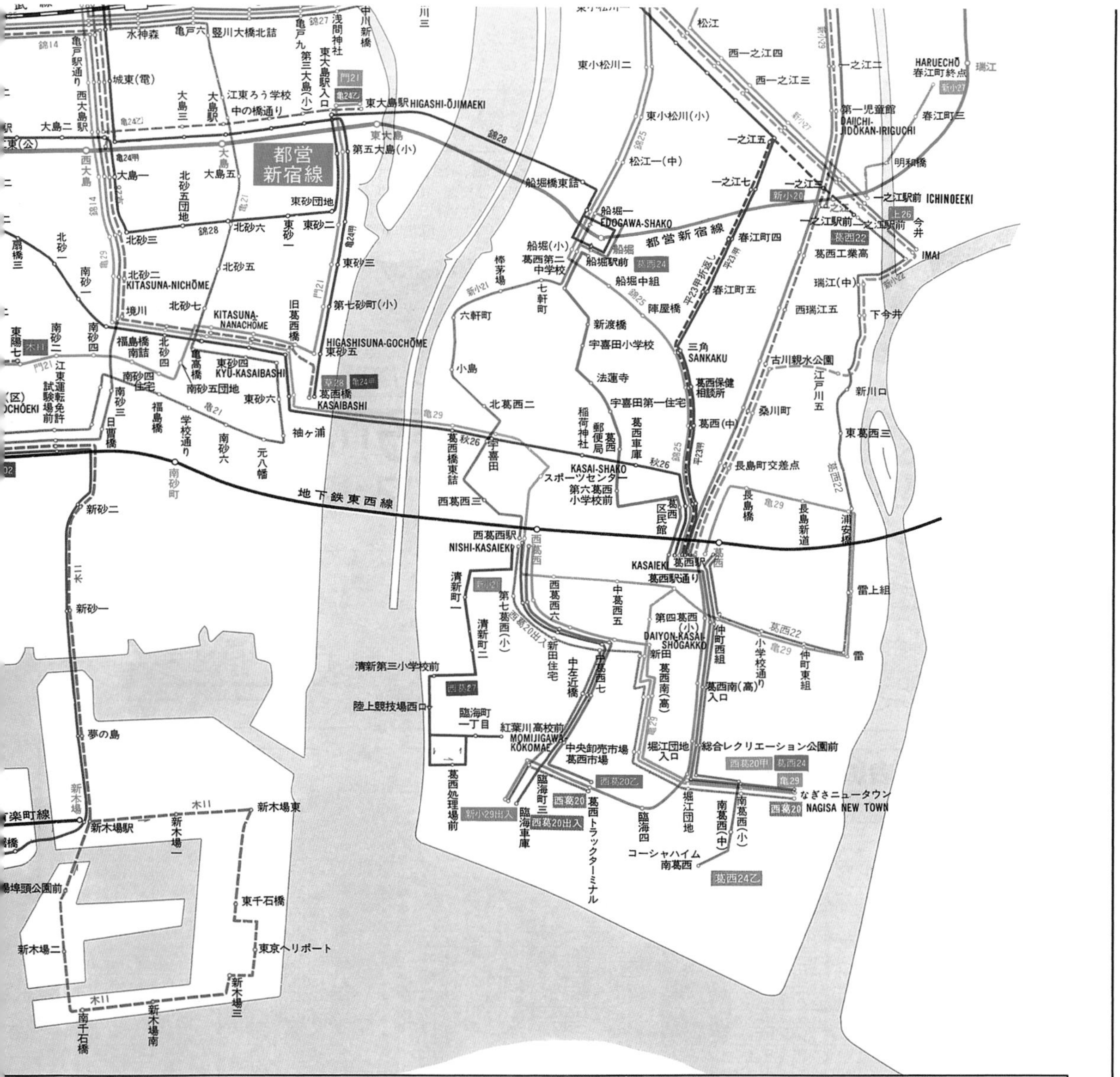

都 03 系統 グリーンアローズ 新宿駅西口〜晴海埠頭(都03) (11. 5キロ)
都 04 系統 (都市新バスルート) 東京駅南口〜豊海水産埠頭(都04)(4.2キロ)
都 05 系統 東京駅南口〜晴海埠頭(都05) (5.1キロ)

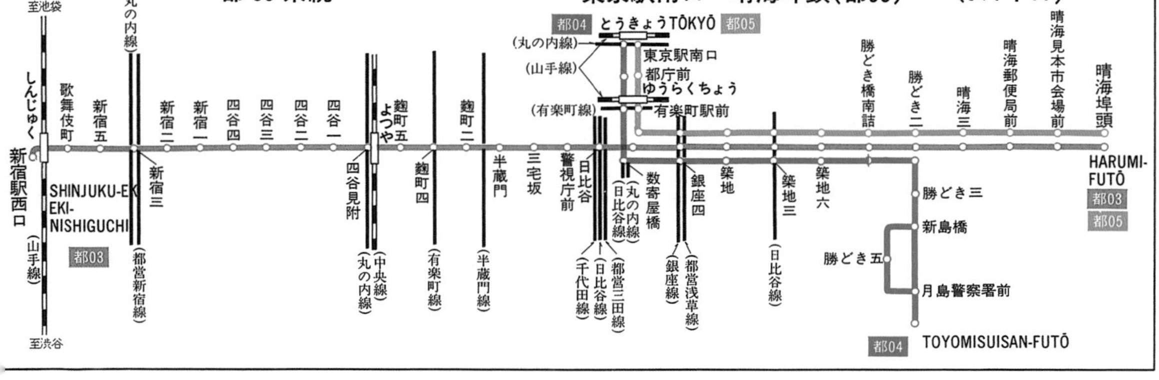

昭和最後のころの車両たち

筆者は『季刊バスジャパン』創刊時の1986年と『バスジャパン・ハンドブックシリーズ』発刊時の1993年に都営バスを撮影したが、いずれもモノクロフィルムで記録した。初めてカラーフィルムで撮影したのは1997年の春のことで、まずはこのときとらえた1987・88(昭和62・63)年度車から紹介していく。当時の車両は営業所ごとにメーカーが決められており、現在と同じように局番の前に所属営業所を示すアルファベットが記されていた。局番は購入年度を示すアルファベットと3桁の数字で、百位が用途と車種を表していた。

P-S151(いすゞP-LV314K)

本型式は1983年度から採用され、エンジンは6QA2型、ホイールベースは4650㎜。巣鴨・深川に配置された富士5E型ボディ架装車は、1986年度から角形テールライトになっている。

P-T323(いすゞP-LV314K)

1987年度に続いて導入された富士ボディ架装LVのP-車。1988年度車は中扉に4枚折戸が採用され、冷房がデーゼル機器の室内分散型から富士重工の屋根上集中型に変更された。

C-S104（いすゞ P-LV314K）

富士ボディ架装車と並行して、新宿・小滝橋・大塚・臨海にはキュービックを配置。1987年度車は前中引戸・バス協型テールライト・チーゼル機器の室内分散型冷房装置である。

G-T493（いすゞ P-LV214K）

都市新バス（都02系統）用のキュービックで、1985年度に続いて1988年度に採用。都市新バス用は当初から前中4枚折戸で、黒枠逆T字型窓・ハイバックシート・エアサスだった。

C-T500（いすゞ P-LV314K）

1987年度に続いて導入されたキュービックのP-車。1988年度車は前中4枚折戸となり、角形テールライトが採用され、冷房装置がヂーゼル機器の屋根上集中型に変更されている。

S-T308（いすゞP-LV214K）

1988年度に開業した都市新バス（都05系統）用のLV。深川配置なので富士ボディで、フルモデルチェンジされた7E型ボディが架装された。ハイバックシートのエアサス車である。

L-S258（日産ディーゼルP-UA33K）

1987年度に開業した都市新バス（都04系統）用として江東に配置。富士7E型ボディの本型式は市販開始前で、当時のバスファンを驚かせた。ハイバックシートのエアサス車である。

F-T406（日産ディーゼルP-U32K）

本型式は1983年度から導入。エンジンはPE6H型、ホイールベースは4760㎜、冷房は富士重工製である。1988年度車は前中4枚折戸。大型路線車の通風装置は角形ファン4基である。

N-S139（日産ディーゼルP-U32K）

1986年度に続いて1987年度に増備された日デのリーフサスのP-車。今年度まで中扉が引戸だが、テールライトは1986年度から角形。日産ディーゼル車は練馬・北・江東に配置された。

D-S229（日野P-HU233BA）

1988年度に開業した都市新バス（都03系統／当時は新宿駅西口～晴海埠頭間だった）用として杉並に配置。前中4枚折戸・黒枠逆T字型窓で、ハイバックシートのエアサス車である。

V-S123（日野P-HT233BA）

1985年度から採用されたブルーリボンHTのP-車で、エンジンはM10U型、ホイールベースは4800㎜。1987年度車までは中扉が引戸。日野車は品川・目黒・杉並・葛西に配置された。

A-T363（日野P-HT233BA）

1987年度に続いて導入されたブルーリボンHTのP-車。1988年度車は前中4枚折戸となり、角形テールライトが採用された。T363はのちに試験的にLPG併用バスに改造されている。

S-S133（三菱ふそうP-MP218K）

1984年度から採用されたエアロスター。エンジンは6D22型、ホイールベースは4800㎜。1987年度車まで前中引戸で、バス協型のテールライト。S133は渋谷から深川に転属した。

B-S240（三菱ふそうP-MP218K）

都市新バス（都01系統）用のエアロスターで、1986年度に続いて1987年度に渋谷に配置。前中4枚折戸・黒枠逆T字型窓・ハイバックシートだが、都01系統用はリーフサスである。

Z-T402(三菱ふそうP-MP218K)

1987年度に引き続き導入されたエアロスターのP-車。1988年度車は前中4枚折戸となり、角形テールライトが採用された。T402はのちに試験的にLPG併用バスに改造されている。

リヤ

K-T364(三菱ふそうP-MP218K)

同じく1988年度に増備された前中4枚折戸のエアロスターのP-車。三菱車は渋谷・早稲田が呉羽ボディ、千住・南千住・青戸が三菱ボディで、T364は渋谷から南千住に転属した。

リヤ

E-S887(いすゞ P-LR312J)

狭隘路線用として採用されていたジャーニーKで、エンジンは6BG1型、ホイールベースは4300㎜。1987年度車は小滝橋・大塚に配置。中型車には800番台の局番が与えられた。

E-T852（いすゞ P-LR312J）

1987年度に続いて導入されたジャーニーK。1988年度車は屋根上集中型冷房装置・角形テールライトである。小滝橋に配置された。中型路線車の通風器は角形ファン3基である。

リヤ

M-S816（日野P-RJ172BA）

狭隘路線用として採用されていたレインボーRJで、エンジンはH07C型、ホイールベースは4400㎜。品川と目黒に配置され、品川車はビニール張りのシートの市01系統専用だった。

リヤ

M-T860（日野P-RJ172BA）

狭隘路線用として1987年度に引き続き増備されたレインボーRJ。日野の中型車は前中引戸・銀枠逆T字型窓である。1988年度車は角形テールライトに変更。目黒で活躍していた。

K-S832（三菱ふそうP-MK116J）

狭隘路線用として登場したエアロミディ MKで、エンジンは6D15型、ホイールベースは4390㎜。三菱の中型車は前中引戸・黒枠逆T字型窓である。1987年度車は南千住に配置された。

B-S071（三菱ふそうP-MS713S）

貸切車として1987年度に渋谷に1台配置された呉羽ボディのフルデッカー。エンジンは8DC8型、ホイールベースは6500㎜で、都営バス初の12m車。47人乗りのサロンカーである。

E-T072（いすゞ P-LV719R）

貸切車として1988年度に深川に1台配置された富士HD-Ⅰ型ボディのハイデッカー。エンジンは10PC1型、ホイールベースは6150㎜で、乗客定員は55人。のちに小滝橋に転属した。

K-T105（ベンツ ネオプランN326J）

台東区から運行を受託する2階建てバスを1988年度に1台増備。ベンツOM422型エンジンのネオプランN326Jで、ホイールベースは5540＋1300㎜。1980年度車と同じ南千住に配置された。

C-S990（いすゞ P-LV314K）

養護学校等の登下校輸送を行う特定車は1985年度から新塗色となり、着色ガラスの逆T字型窓が採用された。1987年度のキュービックは新宿・小滝橋・臨海に計4台配置された。

E-T920（いすゞ P-LV314N）

1988年度に初めて採用された長尺特定車で、いすゞ製のホイールベースは5500㎜。小滝橋と大塚に1台ずつ配置された。大型の特定車は全車種とも中扉にリフトを装備している。

C-T913（いすゞ P-LV314K）

1987年度に続き導入された短尺キュービックの特定車。当初から特定車の冷房は屋根上集中型、テールライトは角形。1988年度車は車掌窓が設けられた。新宿と臨海に各1台配置された。

P-S994（いすゞ P-LV314K）

キュービックと並行して採用された富士5B型ボディ架装LVの特定車。路線車と異なり、当初から冷房は屋根上集中型、テールライトは角形。1987年度車は巣鴨に3台配置された。

S-T923（いすゞ P-LV314N）

1988年度に初めて登場した富士5B型ボディ架装LVの長尺特定車。車掌窓が設けられ、巣鴨と深川に各1台配置。1988年度は富士ボディ架装LVの短尺特定車は新製されていない。

N-T919（日産ディーゼルP-U32K）

1986年度に続いて導入された日産ディール製の特定車。前中引戸・黒枠逆T字型窓・屋根上集中型冷房の富士5B型ボディで、車掌台窓が設けられている。北に1台だけ在籍していた。

F-T933（日産ディーゼルP-U32N）

1988年度に初めて新製された日産ディーゼル製の長尺特定車。ホイールベースは5500㎜で、車掌窓が設けられている。冷房は富士重工の屋根上集中型。練馬に1台配置された。

V-S908（日野P-HT233BA）

1985年度から採用されたブルーリボンHTの特定車。観光マスク・黒枠逆T字型窓で、テールライトは角形。1987年度車は品川・目黒・杉並・青梅・練馬・葛西に計9台配置された。

A-T915（日野P-HT233BA）

1987年度に引き続き導入されたブルーリボンHTの特定車。1988年度車は車掌窓が設けられている。冷房装置は路線車と同じデンソー製である。品川と練馬に1台ずつ配置された。

K-S912（三菱ふそうP-MP218K）

1985年度から採用されたエアロスターの特定車。観光マスク・黒枠逆T字型窓の呉羽ボディを持ち、テールライトは観光型。1987年度車は渋谷・千住・南千住に計4台配置された。

W-T926（日野P-HT236BA）

1988年度に初めて新製されたブルーリボンHTの長尺の特定車。ホイールベースは5670㎜、テールライトは角形で、車掌窓が設けられている。練馬に2台、青梅に6台配置された。

リヤ

Z-T918（三菱ふそうP-MP218K）

1987年度に引き続き増備されたエアロスターの特定車。1988年度車は車掌窓が設けられている。冷房装置は路線車と同型の三菱重工製である。千住と青戸に1台ずつ配置された。

リヤ

T-T932（三菱ふそうP-MP218P）

1988年度に初めて登場したエアロスターの長尺の特定車で、ホイールベースは6000㎜、テールライトは観光型。早稲田に1台配置された。特定車の通風装置は丸形ファン2基である。

1989（平成元）年度の車両

1989（平成元）年度も前年度に続いて「昭和58年排出ガス規制」適合のP-車が増備された。一般路線バスは4メーカー・6タイプが揃って新製され、富士ボディが7E型にモデルチェンジされた。都市新バスはいすゞ・日野・三菱製が導入され、三菱製がエアサスに変更された。また各メーカー 2台ずつ、機械式AT車が採用されている。中型路線バスは三菱製のみを導入。貸切バスは4メーカーのハイデッカーが1台ずつ新製された。また、新たに江戸川区から2階建てバスの運行を受託。台東区と異なるネオプランN122が登場している。

K-V593（三菱ふそうP-MP218K）

引き続き導入されたエアロスターのP-車。三菱ボディ架装車は南千住配置のV592・593だけである。いずれも機械式AT「M-MAT」を装備し、右側面裾部の通気口がMT車と異なる。

K-V557（三菱ふそうP-MP218K）　T-V557 ?

同じく引き続き増備されたエアロスターのP-車。呉羽ボディ架装のリーフサス車は早稲田所属のV557 ~ 563で、こちらは従来どおりMT仕様。ボディスタイルは前年度の車両と同じである。

B-V246（三菱ふそうP-MP618K）

渋谷にV245・246の2台が配置された都市新バス（都01系統）用のエアロスター。ハイバックシートを装備し、外装は1987年度車と同じだが、都01系統用初のエアサス車となった。

Z-V870（三菱ふそうP-MK117J）

1987年度に続き採用されたエアミディ MK。ただしモデルチェンジで新型ボディの本型式となった。エンジンは6D16型、ホイールベースは4390㎜。V867～870が南千住に配置された。

A-V595（日野P-HT233BA）

引き続き導入されたブルーリボンHTのP-車。品川・目黒に計16台を配置。V594・595は機械式AT「EE-DRIVE」を装備し、右側面裾部にミッションオイルクーラーの通気口がある。

M-V629（日野P-HU233BA）

1989年度に開業した都市新バス（都06系統）用として、目黒に34台配置されたエアサス仕様のブルーリボンのP-車。都03系統用の本型式と同様にハイバックシートを装備する。

G-V634（いすゞ P-LV214K）

前年度に続いて採用された都市新バス（都02系統）用のキュービック。大塚に14台配置され、都02系統開業時に都02系統用へ改造した1982～84年度の在来車から置き換えられた。

R-V514（いすゞ P-LV314K）

前年度に続いて増備されたキュービックのP-車。前中4枚折戸・屋根上集中型冷房・角形テールライトの外装は前年度と同じである。V513～519・650～656が臨海に配置された。

S-V662（いすゞ P-LV314K）

前年度に続いて導入された富士ボディ架装LVのP-車。7E型に変わったため、スタイルが一新された。巣鴨・深川に計21台配置され、V657・658は機械式AT「NAVi5」を装備する。

K-V073（三菱ふそうP-MS725S）

貸切車として1989年度に1台だけ新製されたエアロバスのP-車。エンジンは8DC9型、ホイールベースは6500㎜、乗客定員は55人である。三菱車が指定車種の南千住に配置された。

F-V569（日産ディーゼルP-U33K）

初めて登場した富士7E型の日デ製一般路線車。エンジンはPE6H型、ホイールベースは4720㎜。練馬・北・江東に計28台配置され、V585・586は機械式AT「E-MATIC」を装備する。

A-V075（日野P-RU638BB）

貸切車として1989年度に1台だけ導入されたブルーリボンRUフルデッカーのP-車。エンジンはEF750型、ホイールベースは6600㎜、乗客定員は55人である。品川に配置された。

G-V074（いすゞ P-LV719R）

初めて登場したスーパークルーザー。エンジンは10PC1型、ホイールベースは6150mm、乗客定員は55人。貸切車は1991年度からこのデザインになり、在来車はのちに塗り替えられた。

R-V107（ベンツ ネオプランN122）

江戸川区が開業した小岩駅～葛西臨海公園間の2階建てバス路線専用車。エンジンはベンツOM423型、ホイールベースは5630＋1230mm。都営バスが2台、京成バスが1台運行した。

L-V076（日産ディーゼルP-RA53TE）

貸切車として1989年度に1台だけ新製されたスペースアロー RAのP-車。エンジンはRF8型、ホイールベースは6500mm、ボディは富士HD-Ⅰ型、乗客定員は55人で、江東に配置された。

1990(平成2)年度の車両

1990(平成2)年度は「平成元年排出ガス規制」適合のU-車が初めて登場した。都市型超低床バスとして、4メーカーの3扉・スロープ板つきワンステップバスが導入された。一般路線車は前中4枚折戸・2段窓の仕様が踏襲され、4メーカー・6タイプが揃って増備された。都市新バスは引き続き前中4枚折戸・逆T字型窓で、日野製と三菱製が新製された。中型路線バスは前中引戸・逆T字型窓の仕様が踏襲され、日野車が青梅に投入された。貸切バスは日野セレガが1台導入され、特定バスはいすゞと日野の中型車が採用されている。

C-W292(いすゞ LV870L)

東京都交通局が4メーカーに発注した都市型超低床バス。いすゞはV型の8PD1型エンジンを右側に寄せ、最後部までのワンステップ化を実現した。ホイールベースは4800㎜である。

C-W297(日産ディーゼルU-UA440HAN改)

日産ディーゼルの都市型超低床バス。一般路線車と同じPF6型エンジンを右に寄せて搭載することで、最後部までのワンステップ化を実現した。ホイールベースは4720㎜である。

A-W293（日野U-HU2ML改）

日野は一般路線車と同じM10U型エンジンを右に寄せ、最後部までのワンステップ化を実現した。ホイールベースは4800㎜。都市型超低床バスはみな中扉にスロープ板を装備する。

D-W768（日野U-HU2MLAA）

初めて登場したブルーリボンのU-車。1台は都市新バス（都03系統）用のエアサス車で、杉並に配置。晴海通りを走る都03～05は誤乗防止のため、系統ごとに方向幕が色分けされていた。

C-W295（三菱ふそうU-MP618K改）

三菱は縦型6D22型エンジンを横置きし、エアロミディのTドライブ方式を活用してワンステップ化。ホイールベースは4930㎜。都市型低床バスは各メーカー 2台ずつ新製された。

V-W777（日野U-HT2MLAA）

ブルーリボンの一般路線用のリーフサス車で、エンジンはM10U型、ホイールベースは4800㎜。39台を品川・目黒・杉並・葛西に配置。W198はのちにDPF取り付け改造が施された。

F-W734（日産ディーゼルU-UA440HSN）

初めて登場したUAツーステップバスのU-車。エンジンはPF6型、ホイールベースは4720㎜である。練馬・北・江東に計34台配置され、W222はのちにDPF取り付け改造が施された。

P-W681（いすゞ U-LV324K）

1990年度から導入された富士7E型ボディ架装LVのU-車。エンジンは6QB2型、ホイールベースは4650㎜で、冷房はゼクセル製のビルトインタイプ。55台が巣鴨と深川に配置された。

E-W715（いすゞ U-LV324K）

1990年度から導入されたキュービックのU-車。IKCボディがモデルチェンジされ、冷房がゼクセルのビルトインタイプになった。82台が新宿・小滝橋・大塚・臨海に配置された。

Z-W798（三菱ふそうU-MP218K）

1990年度に初めて採用されたエアロスターのU-車。エンジンは6D22型、ホイールベースは4800㎜。黒枠2段窓の三菱ボディ架装車は、千住・南千住・青戸に計42台配置された。

T-W279（三菱ふそうU-MP218K）

同じく1990年度に初めて採用されたエアロスターのU-車で、呉羽ボディが架装されたリーフサスのグループ。冷房装置は三菱重工製である。渋谷と早稲田に計29台配置された。

B-W113（三菱ふそうU-MP618K）

同じく呉羽ボディのエアロスターで、都市新バス（都01系統）用のエアサス車。渋谷に16台配置。1990年度車は他メーカーの都市新バスと同様に、前扉がグライドスライドドアになった。

R-W937（いすゞ U-LR332J）

1990年度に臨海に1台だけ配置された特定バスのジャーニーK。エンジン6HE1型、ホイールベース4300㎜のU-車である。観光マスクのIKCボディで、中扉にリフトを装備している。

■W-W872(日野U-RJ3HJAA)

1990年度に初めて導入されたレインボーRJのU-車。エンジンはH07D型、ホイールベースは4490mmである。W871～877が品川に配置されたが、871～873は青梅に転属している。

D-W935(日野U-RJ3HJAA)

杉並に2台配置された特定バスのレインボーRJ。上のW872と同型式だが、観光マスクでリフトを装備する。今年度はホイールベース3930mmの短尺RJの特定車1台も杉並に配置されている。

D-W097(日野U-RU2FTAB)

貸切バスとして1台新製されたセレガFDのU-車。エンジンはF17E型、ホイールベースは6480mm、乗客定員は55人で、杉並に配置された。写真は深夜中距離バスに転用後の姿である。

1991(平成3)年度の車両

1991(平成3)年度もU-車が導入されている。都市型超低床バスは2扉・リフトつきに変更のうえ4メーカーが採用された。一般路線バスのリーフサス車、都市新バスのエアサス車も4メーカー揃って増備。いすゞ10台、日産ディーゼル4台、日野6台、三菱8台は機械式AT車となり、日野製ハイブリッドバスが初めて採用された。貸切バスは配置営業所にかかわらずいすゞスーパークルーザーを計6台新製。特定バスはいすゞ・日野・三菱の中型車が導入された。また、中央区からレトロ調バスの運行を受託。専用車が深川に配置されている。

S-X111(日野U-CG3KSAU)

中央区が運行開始した「銀ブラバス」の専用車で、特装車用のシャーシに東京特殊車体がボディを架装。エンジンはK13U型、ホイールベースは5600㎜。深川に3台配置された。

R-X007(いすゞU-LV771R)

貸切車として登場したスーパークルーザーのU-車。エンジンは10PD1型、ホイールベースは6150㎜、乗客定員は55人。営業所ごとに異なっていた車種を統一し、6台新製された。

C-X592（いすゞ U-LV870L）

前年度に続いて採用されたワンステップの都市型超低床バス。1991年度車は2扉になり、中扉にリフトを装備している。いすゞのキュービックは新宿と千住に1台ずつ配置された。

C-X938（いすゞ U-LR332J）

前年度に続いて新製されたジャーニーKのU-車。観光マスク・前中引戸・逆T字型窓のリーフサス車である。養護学校のスクールバスに使用されたため、中扉にリフトを装備する。

N-X598（日産ディーゼルU-UA440HAN改）

前年度に続いて導入された日産ディーゼル製の都市型超低床バス。1991年度車は2扉になり、中扉にリフトを装備している。早稲田に2台配置され、のちに2台とも北に転属した。

D-X593（日野U-HU2ML改）

前年度に続いて採用されたブルーリボンHUの都市型超低床バス。1991年度車は2扉になり、中扉にリフトを装備している。新宿に2台新製配置され、のちに2台とも杉並に転属した。

W-X940（日野U-RJ3HJAA）

前年度に続いて新製されたレインボーRJのU-車。観光マスク・前中引戸・逆T字型窓のリーフサス車。養護学校のスクールバスに使用されたため、中扉にリフトを装備している。

H-X596（三菱ふそうU-MP628M）

三菱の都市型超低床バスは市販が開始され、ホイールベース5430㎜の本型式となる。前中折戸（グライドスライドドア）で中扉にリフトを装備。早稲田と千住に各1台配置された。

B-X941（三菱ふそうU-MK517J）

渋谷に1台配置されたエアロミディ MKのU-車。エンジン6D16型、ホイールベース4390㎜のエアサス車。盲学校のスクールバスに使用されたため、リフトのない前扉仕様である。

D-X516（日野U-HT2MLA改）

1991年度に初めて登場した電気式ハイブリッドバス「HIMR」。M10U型エンジンをモーターがアシストする。一般路線用1台が試験的に杉並に配置され、各種データが収集された。

V-X619（日野U-HU2MLAA）

前年度に続いて採用されたブルーリボンHUのU-車。逆T字型窓とハイバックシートを装備するエアサス車。都市新バスの新路線（都07系統）用として、葛西に30台配置された。

G-X395（いすゞ U-LV224K）

初めて採用された都市新バス（都02系統）用のキュービックのU-車。逆T字型窓とハイバックシートを装備するエアサス車で、冷房はビルトインタイプ。大塚に9台配置された。

L-X600（日産ディーゼルU-UA440HAN）

都市新バス（都04系統）用の増備車として、江東に1台だけ配置されたUAのU-車。前中4枚折戸・逆T字型窓の富士7E型ボディで、ハイバックシートを装備するエアサス車である。

B-X336（三菱ふそうU-MP618K）

前年度に続いて増備された都市新バス（都01系統）用のエアロスターのU-車。渋谷に17台配置され、X335・336は機械式AT車である。前年度車とともに1983年度車を置き換えた。

R-X386（いすゞ U-LV324K）

引き続き導入されたキュービックのU-車。冷房はゼクセル製のビルトインタイプ。55台が新宿・小滝橋・臨海に配置され、X363・364・369・370・385・386は機械式AT車である。

P-X399（いすゞ U-LV324K）

一般路線用として前年度に続いて増備されたLVツーステップバスのU-車。冷房はゼクセル製のビルトインタイプ。巣鴨と深川に計33台配置され、X399・400は機械式AT車である。

L-X560（日産ディーゼルU-UA440HSN）

一般路線用として前年度に引き続き増備されたUAツーステップバスのU-車。冷房装置は富士重工製である。計45台が練馬・北・江東に配置され、X314 ～ 317は機械式AT車である。

V-X312（日野U-HT2MLAA）

引き続き採用されたブルーリボンHTのU-車。品川・目黒・杉並・葛西に計48台配置。X307 ～ 310・312・313は機械式AT車で、右側面にミッションオイルクーラーの通気口がある。

リヤ

Z-X359（三菱ふそうU-MP218K）

一般路線用として前年度に続き導入されたエアロスターのU-車。三菱ボディ架装車は千住・南千住・青戸に計39台配置され、X356・357・359・360は機械式ATが搭載されている。

リヤ

T-X340（三菱ふそうU-MP218K）

一般路線用として前年度に引き続き増備されたエアロスターのU-車。1991年度の呉羽ボディ架装車は渋谷と早稲田に計17台配置された。X339・340は機械式ATが搭載されている。

1992(平成4)年度の車両

1992(平成4)年度もU-車が導入されている。都市型超低床バスはいすゞ・日野・三菱製がワンステップ・2扉・リフトつきで増備された。一般路線用で前中4枚折戸・2段窓のリーフサス車はすべてMTとなり、4メーカー6タイプが揃って導入された。都市新バス用で前中4枚折戸・逆T字型窓のエアサス車は、日野製ハイブリッドバスが3路線に投入された。貸切バスと特定バスは新製されていない。また台東区から運行受託している上野〜浅草間の2階建てバスには、ボディカラーを青色に変更したネオプランが採用されている。

F-Y775(日産ディーゼルU-UA440HSN)

前年度に引き続き採用された日デUAツーステップバスのU-車。前中4枚折戸・銀枠2段窓の富士7E型ボディで、冷房装置は富士重工製である。練馬に3台、江東に2台配置された。

P-Y144(いすゞU-LV324K)

引き続き導入されたいすゞLVツーステップバスのU-車。冷房装置はゼクセル製。のちに全車にアイドリングストップ装置が装着されている。巣鴨に7台、深川に19台配置された。

C-Y656(いすゞU-LV324K)

前年度に続いて増備されたキュービックツーステップバスのU-車。のちに全車にアイドリングストップ装置が装着されている。新宿に19台、大塚に15台、臨海に11台配置された。

M-Y129（日野U-HT2MLAA）

引き続き導入されたブルーリボンHTツーステップバスのU-車。前中4枚折戸・銀枠2段窓で、冷房装置はデンソー製。品川に35台、目黒に8台、杉並に7台、葛西に6台配置された。

B-Y759（三菱ふそうU-MP218K）

前年度に続いて増備されたエアロスターツーステップバスのU-車。呉羽ボディ架装車は渋谷に13台を配置。エアロスターKと呼ばれた呉羽型の車体は1992年度車が最後となった。

K-Y764（三菱ふそうU-MP218K）

同じく前年度に引き続き増備されたエアロスターツーステップバスのU-車。エアロスターMと呼ばれた三菱型の車体架装車は、千住に6台、南千住に20台、青戸に4台配置された。

P-Y793（いすゞU-LV870L）

前年度に続いて採用された都市型超低床バスのキュービック。前中折戸・黒枠逆T字型窓のワンステップバスで、中扉にリフトを装備している。1992年度は巣鴨に3台配置された。

T-Y795（三菱ふそうU-MP628M）

前年度に引き続き導入された都市型超低床バスのエアロスター。前中折戸・黒枠逆T字型窓のワンステップバスで、中扉にリフトを装備する。1992年度は早稲田に4台配置された。

D-Y786（日野U-HU2ML改）

前年度に引き続き採用された電気式ハイブリッドバス「HIMR」。1992年度は黒枠逆T字型窓でエアサスの都市新バス仕様となった。目黒に4台、杉並に3台、葛西に4台配置された。

リヤ

A-Y794（日野U-HU2ML改）

前年度に引き続き採用された都市型超低床バスのブルーリボンHU。前中折戸・黒枠逆T字型窓のワンステップバスで、中扉にリフトを装備する。1992年度は品川に1台配置された。

リヤ

K-Y109（ベンツ ネオプランN326J）

台東区から受託運行している2階建てバス。1988年度車と同型式だが、エンジンがOM401LA型、ボディカラーが青色になった。1980年度車の代替用として南千住に2台配置された。

1993(平成5)年度の車両

1993(平成5)年度もU-車が導入されている。一般路線バスは4メーカー揃って増備され、青梅にも大型車が新製配置された。都市新バスはいすゞ・日野・三菱車が採用され、一部にニーリング機構やアイドリングストップ装置が装着されている。ワンステップ・リフトつきの都市型超低床バスはいすゞ・日野・三菱車が新製され、一部が都市新バス路線に使用された。日野の電気式ハイブリットバスは一般路線仕様で導入され、初めて三菱の蓄圧式ハイブリッドバスが登場した。また貸切バスとして日野セレガ5台が新製されている。

K-Z332(三菱ふそうU-MP618K改)

初めて登場した蓄圧式ハイブリッドバス「MBECS」。制動時に油圧として蓄えたエネルギーで6D22型エンジンをアシストする。都市新バス用の1台が試験的に南千住に配置された。

B-Z316(三菱ふそうU-MP218K)

前年度に続いて導入されたリーフサスのエアロスターのU-車。1993年度から呉羽ボディがエアロスターM型のMBM(三菱自動車バス製造)ボディとなった。渋谷に19台配置された。

B-Z350（三菱ふそうU-MP618K）

1991年度に続いて採用されたエアサスのエアロスターのU-車。1993年度は三菱ボディを架装。Z350は都市新バス（都01系統）用で、在来車に合わせた仕様で渋谷に配置された。

K-Z357（三菱ふそうU-MP618K）

エアサスのエアロスターのU-車のうち、Z351～367は1993年度に開業した都市新バス（都08系統）用として南千住に配置された。Z366・367はニーリング機構が装着されている。

K-Z377（三菱ふそうU-MP628M）

前年度に引き続き導入された都市型超低床バスのエアロスター。中扉にリフトを装備するワンステップバス。1993年度は都市新バス（都08系統）用として南千住に4台配置された。

G-Z345（いすゞ U-LV224K）

エアサスのキュービック。Z341・343～345はアイドリングストップ装置、Z346・347はニーリング機構つきだったが、アイドリングストップ装置はのちに14台全車に装着された。

R-Z369（いすゞ U-LV870L）

前年度に続いて採用された都市型超低床バスのキュービック。前中折戸・黒枠逆T字型窓のワンステップバスで、中扉にリフトを装備している。1993年度は臨海に3台配置された。

R-Z290（いすゞ U-LV324K）

前年度に引き続き増備されたリーフサスのキュービックのU-車。冷房はゼクセル製で、のちに全車にアイドリングストップ装置が装着された。新宿と臨海に3台ずつ配置された。

P-Z225（いすゞ U-LV324K）

前年度に続き導入されたリーフサスのいすゞ LVのU-車。冷房装置はゼクセル製。のちに全車にアイドリングストップ装置が装着されている。巣鴨に5台、深川に13台配置された。

N-Z307（日産ディーゼルU-UA440HSN）

前年度に続いて増備されたリーフサスの日デUAのU-車。冷房装置は富士重工製である。練馬に11台、北に9台、江東に14台配置され、Z307はのちにDPF取り付け改造が施された。

D-Z323（日野U-HT2MLA改）

前年度に続いて採用された電気式ハイブリッドバス「HIMR」。1993年度車は1991年度の試験車と同じ一般路線用のリーフサス車となった。Z320～331の12台が杉並に配置された。

D-Z348（日野U-HU2MLAA）

1991年度に続いて新製されたエアサスのブルーリボンHUのU-車。冷房はデンソー製。1991年度車とは車内仕様が異なる1台が都市新バス（都03系統）用として杉並に配置された。

M-Z373（日野U-HU2ML改）

前年度に引き続き導入された都市型超低床バスのブルーリボンHU。中扉にリフトを装備するワンステップバス。1993年度は都市新バス（都06系統）用として目黒に3台配置された。

W-Z245（日野U-HT2MLAA）

青梅に9年ぶりの路線用新車として、7台配置されたリーフサスのブルーリボンHTのU-車。多区間運賃・中乗り前降りで使用されるため、前中引戸で、側面表示幕が中扉の隣にある。

M-Z240（日野U-HT2MLAA）

同じくリーフサスのブルーリボンHTのU-車だが、こちらは均一運賃の都区内仕様である。品川に4台、目黒に5台、葛西に5台配置され、Z305はのちにDPF取り付け改造が施された。

G-Z008（日野U-RU2FTAB）

貸切バスとして1990年度に続き採用されたセレガFDのU-車。乗客定員は55人。1991年度以来の貸切バスの車種統一により、5台が品川・新宿・大塚・南千住・江東に配置された。

1994(平成6)年度の車両

1994(平成6)年度もU-車が導入された。一般路線バスは4メーカー揃って導入。ワンステップバスをベースにしたツーステップの新低床バスが登場した。ワンステップ・リフトつきの都市型超低床バスは4メーカーとも新製。低公害車は日野の電気式ハイブリッドバスと三菱の蓄圧式ハイブリッドバスに加え、日産ディーゼルといすゞのCNGバスが初めて登場し、深川営業所にCNGの充填施設が設けられた。特定バスはいすゞ・日野・三菱製を導入。台東区から運行受託している2階建てバスが、赤いカラーに戻って新製されている。

S-A476(日産ディーゼルU-UA440HAN改)

都営バスに初めて登場したCNGバス。逆T字型窓・ハイバックシート・エアサスの都市新バス仕様である。1台が南千住に新製配置され、CNG充填施設の完成により深川に転属した。

S-A475(日産ディーゼルU-UA440HSN改)

上記のA476に続き1台新製された日デUAのCNGバス。こちらはリーフサスの一般路線用で、深川に配置された。CNGバスは床下にボンベがあるため、パッケージタイプの冷房装置である。

S-A450（いすゞ KC-LV280L改）

日デ製のA475に続いて登場したキュービックのCNGバス。8PE1型エンジンをCNG改造したKC-車である。深川に1台配置され、日デ製の2台とともに1年間の営業走行試験が行われた。

V-A472（日野U-HT2MLAH）

前年度に続いて導入された電気式ハイブリッドバスの「HIMR」。1994年度車は型式認定を受け、末尾が「AH」の本型式となった。品川に9台、目黒に5台、葛西に8台配置された。

Z-A491（三菱ふそうU-MP618K改）

前年度に続いて採用された蓄圧式ハイブリッドバスの「MBECS」。前年度車と同じエアサス車だが、1994年度車は2段窓の一般路線用。千住・南千住・青戸に計10台配置された。

S-A584（いすゞ U-LV870L）

引き続き増備された都市型超低床バスのキュービックで、中扉にリフトを装備する。1994年度車はアイドリングストップ装置が装着されている。新宿に1台、深川に3台配置された。

N-A590（日産ディーゼルU-UA440KAN改）

3年ぶりに新製された都市型超低床バスの日デUAで、中扉にリフトを装備している。ホイールベースが4800㎜に延長されたA590は、1型式1台だけの希少車として北に配置された。

D-A586（日野U-HU2ML改）

前年度に引き続き導入された都市型超低床バスのブルーリボンHUで、中扉にリフトを装備。通風装置が丸形ファン1基に変更されている。都市新バス仕様の2台が杉並に配置された。

H-A589（三菱ふそうU-MP628M）

前年度に続いて採用された都市型超低床バスのエアロスターで、中扉にリフトを装備する。1994年度車は通風器が丸形ファン1基に変更され、早稲田に2台、千住に1台配置された。

P-A533（いすゞ U-LV324K改）

低床バスの車両価格を抑えるため、ワンステップバスをベースに段差の小さいツーステップとした新低床車。アイドリングストップ装置が装着されている。巣鴨に3台配置された。

E-A501（いすゞ U-LV324K）

引き続き導入されたキュービックツーステップバス。通風器が丸形ファン2基となった。小滝橋に19台配置され、A500～506・534～540はアイドリングストップ装置つきである。

S-A413（いすゞU-LV324K）

引き続き増備された富士7E型LVツーステップバス。通風器が丸形ファン2基となり、のちに1992～94年度車全車とともにDPFが取り付けられた。巣鴨・深川に計13台配置された。

前年度に続いて導入された富士7E型ボディのUAツーステップバス。前年度まで角形ファン4基だった通風器が丸形ファン2基に変更されている。北に10台、江東に17台配置された。

L-A438（日産ディーゼルU-UA440HSN）

B-A419（三菱ふそうU-MP218K）

前年度に続いて採用されたエアロスターツーステップバス。呉羽ボディはMBMボディとなり、三菱ボディと同型になった。通風装置は丸形ファン2基で、渋谷に13台配置された。

M-A440（日野U-HT2MLAA）

前年度に引き続き増備されたブルーリボンHTツーステップバス。前年度まで角形ファン4基だった通風器が丸形ファン2基に変更されている。目黒に3台、葛西に4台配置された。

W-A530（日野U-HT2MLAA）

同じく前年度に続いて導入された多区間運賃仕様のブルーリボンHTツーステップバス。前年度車と同じ前中引戸だが、通風装置が丸形ファン2基となった。青梅に7台配置された。

C-A945（いすゞ U-LV324K）

特定バスとしては初めて採用されたキュービックツーステップバスのU-車で、中扉にリフトを装備。観光マスクに変わり、車掌窓が廃止された。新宿と臨海に各1台配置された。

K-A948（三菱ふそうU-MP218K）

特定バスとしては初めて採用されたエアロスターツーステップバスのU-車で、中扉にリフトを装備。エアロバスタイプのマスクの三菱製ボディとなり、南千住に1台配置された。

リヤ

A-A947（日野U-HT2MLAA）

特定バスとしては初めて採用されたブルーリボンHTツーステップバスのU-車で、中扉にリフトを装備。バンパーが黒色に変わり、車掌窓が廃止された。品川に1台配置された。

リヤ

K-A110（ベンツ ネオプランN326J）

1992年度に続いて登場した台東区からの受託運行の2階建てバス。1994年度の1台はモデルチェンジされ、エンジンOM401LA型、ホイールベース5490＋1300㎜の新型となっている。

1995(平成7)年度の車両

1995(平成7)年度は「平成6年排出ガス規制」に適合のKC-車が登場した。一般路線バスは4メーカー揃って導入。新低床バスはエアサスとなり、らくらくステップバスと名づけられた。いすゞ・日野・三菱のワンステップ・リフトつき都市型超低床バスも増備。狭隘路線用の中型バスが久々に新製された。低公害車は日野の電気式ハイブリッドバスと三菱の蓄圧式ハイブリッドバスのほか、いすゞと日産ディーゼルの蓄圧式ハイブリッドバスを初めて導入。CNGバスが本格的に採用され、臨海営業所にもCNG充填施設が設けられた。

M-B652(日野KC-RU1JLCH)

日野のハイブリッドバス「HIMR」のKC-車は、エンジンJ08C型、ホイールベース4800㎜の本型式となる。一般路線仕様だがエアサス車で、目黒に4台、葛西に1台新製配置された。

C-B626(いすゞ KC-LV280L改)

1995年度に初めて1台登場したいすゞの蓄圧式ハイブリッドバス「CHASSE」。8PE1型エンジンを油圧でサポートする機械式AT車。一般路線仕様だがエアサス車で、新宿に配置された。

K-B637（三菱ふそうKC-MP637K）

三菱のハイブリッドバスのKC-車は「MBECSⅡ」で、エンジンが6D24型に変更されている。一般路線用だがエアサス車で、渋谷・早稲田・千住・南千住・青戸に計14台配置された。

G-B737（いすゞ KC-LV280L）

都市新バス（都02系統）用として新製されたキュービックのKC-車。逆T字型窓とハイバックシートを装備するニーリング機構つきのエアサス車である。大塚に10台配置された。

L-B646（日産ディーゼルKC-UA460HAN改）

1995年度に初めて採用された日デの蓄圧式ハイブリッドバス「ERIP」。PG6型エンジンを油圧でサポート。一般路線用だがエアサス車で、練馬と北に各1台、江東に3台配置された。

S-B610（いすゞ NE-LV288L）

いすゞのCNGバスは型式認定を受け、「平成6年排出ガス規制」に適合したNE-車となる。エンジン8PF1型、ホイールベース4800㎜のエアサス車。深川に6台、臨海に4台配置された。

R-B623（日産ディーゼルNE-UA4E0HAN）

日デUAのCNGバスも型式認定を受け、「平成6年排出ガス規制」に適合したNE-車となる。エンジンPU6型、ホイールベース4720㎜のエアサス車。深川に5台、臨海に3台配置された。

S-B709（いすゞ KC-LV380L）

一般路線用のLVツーステップバスのKC-車。エンジン8PE1型、ホイールベース4800㎜のリーフサス車で、前部の通風器が角形ファンに戻った。巣鴨に5台、深川に7台配置された。

H-B847（三菱ふそうKC-MK219J）

1995年度に初めて導入されたエアロミディ MKのKC-車。前中引戸・2段窓のツーステップバスで、エンジンは6D17型、ホイールベースは4390㎜。千住の狭隘路線で6台が活躍した。

L-B668（日産ディーゼルKC-UA460HAN）

ワンステップベースの段差が小さいツーステップバス。1995年度はニーリングつきのエアサス車となり、らくらくステップバスと名づけられた。日デ製は江東に7台配置された。

F-B602（日産ディーゼルKC-UA460HSN）

一般路線用のUAツーステップバスのKC-車。エンジンPG6型、ホイールベース4720㎜のリーフサス車で、前部の通風器は角形ファンである。練馬に10台、北と江東に各6台配置された。

V-B591（日野KC-HT2MLCA）

ブルーリボンHUツーステップバスのKC-車。エンジンM10U型、ホイールベース4800㎜のリーフサス車で、前部の通風器は角形ファンである。品川と葛西に7台、目黒に3台配置された。

A-B661（日野KC-HU2MLCA）

初めて採用されたブルーリボンHUのらくらくステップバス。ワンステップベースの段差が小さいツーステップバスで、ニーリング機構つきのエアサス車。品川に7台配置された。

E-B744（いすゞ KC-LV880L）

初めて登場した都市型超低床バスのキュービックのKC-車。中扉にリフトを装備するワンステップバスで、エンジンは8PE1型、ホイールベースは4800㎜。小滝橋に3台配置された。

V-B751（日野KC-HU2MLCS）

都市型超低床バスのブルーリボンHUのKC-車。中扉リフトつきのワンステップバスで、エンジンはM10U型、ホイールベースは4800㎜。都市新バス仕様の4台が葛西に配置された。

K-B746（三菱ふそうKC-MP627M）

初めて登場した都市型超低床バスのエアロスターのKC-車。中扉にリフトを装備するワンステップバスで、エンジンは6D24型、ホイールベースは5430㎜。南千住に3台配置された。

1996(平成8)年度の車両

1996(平成8)年度もKC-車が導入された。一般路線バスは4メーカー揃って増備。全国の事業者に先駆け、三菱と日産ディーゼルのノンステップバスが初めて採用された。らくらくステップバスが一般路線バスと都市新バスの双方に投入され、一部がリフトつきとなった。中型バスは三菱車と日野車が導入され、三菱車はらくらくステップバスとなっている。低公害車は日野の電気式ハイブリッドバスと三菱・いすゞ・日産ディーゼルの蓄圧式ハイブリッドバスを増備。日産ディーゼルといすゞのCNGバスも引き続き導入された。

N-C234(日産ディーゼルNE-UA4E0HAN)

前年度に続いて採用された日デUAのCNGバス。前年度車と同じ一般路線用だが、左側面裾部に通気口が設けられている。1997年度からCNG充填施設が稼働する北に9台配置された。

R-C227(いすゞNE-LV288L)

同じく前年度に引き続き導入されたキュービックのCNGバス。前年度車と同じ一般路線用だが、ゼクセル製の冷房装置の形状が異なっている。深川に6台、臨海に5台配置された。

C-C200（三菱ふそうKC-MP747K）

初めて登場したエアロスターノンステップバスで、エンジンは6D24型、ホイールベースは4800㎜。中扉のグライドスライドドアにスロープ板を装備。新宿に1台だけ配置された。

L-C168（日産ディーゼルKC-UA460HAN）

引き続き導入された日デUAのらくらくステップバス。前年度車と同じ一般路線用だが、中扉のグライドスライドドアにリフトを装備。練馬・江東に各2台、北に1台配置された。

C-C201（日産ディーゼルUA460KAM）

1996年度に初めて新製された日デUAのノンステップバスで、エンジンPG6型、ホイールベース4800㎜のトルコンAT車。中扉の引戸にスロープ板を装備。新宿に1台配置された。

B-C163(三菱ふそうKC-MP717K)

1996年度に初めて登場したニューエアロスター。B163・164は一般路線用のらくらくステップバスで、中扉のグライドスライドドアにリフトを装備している。渋谷に配置された。

開扉

G-C160(いすゞ KC-LV280L)

1996年度に初めて登場したキュービックのらくらくステップバス。C160 ~ 162は一般路線用で、中扉のグライドスライドドアにリフトを装備。大塚に2台、巣鴨に1台配置された。

リヤ

B-C177(三菱ふそうKC-MP717K)

同じく初めて採用されたニューエアロスター。エンジンは6D24型、ホイールベースは4800㎜。黒枠窓のB173 ~ 179は都市新バス用のらくらくステップバスで、渋谷に配置された。

M-C195（日野KC-HU2MLCA）

前年度に続いて導入されたブルーリボンHUのらくらくステップバス。前年度車と同じ一般路線用だが、側面裾部の通気口が左側になった。品川・目黒・葛西に計15台配置された。

E-C181（いすゞ KC-LV280L）

キュービックのらくらくステップバスのうちC180～184は一般路線用で、前中4枚折戸・銀枠2段窓のいすゞボディ。冷房はゼクセルの屋根上タイプである。小滝橋に配置された。

G-C171（いすゞ KC-LV280L）

キュービックのらくらくステップバスのうちC170～172は都市新バス用で、前中4枚折戸・黒枠逆T字型窓のいすゞボディを架装。ハイバックシートを装備し、大塚に配置された。

H-C862（三菱ふそうKC-MK219J）

前年度に続いて導入されたエアロミディ MKのKC-車。1996年度車は前中4枚折戸のらくらくステップバスだが、リーフサスなのでニーリング機構はない。千住に7台配置された。

1996年度に初めて登場した蓄圧式ハイブリッドバスの「MBECSⅢ」。ニューエアロスターとなったが、エンジンとホイールベースは「MBECSⅡ」と同一。早稲田に3台配置された。

T-C222（三菱ふそうKC-MP737K）

A-C220（日野KC-RU1JLCH）

前年度に続いて増備された電気式ハイブリッドバスの「HIMR」。一般路線用のエアサス車で、前中4枚折戸・銀枠2段窓のボディは前年度車と同じである。品川に4台配置された。

F-C202（日産ディーゼルKC-UA460HAN改）

前年度に続いて採用された蓄圧式ハイブリッドバスの「ERIP」。一般路線用のエアサス車で、パッケージタイプの冷房は前年度車と同じである。練馬に5台、江東に2台配置された。

E-C215（いすゞKC-LV280L改）

前年度に続いて導入された蓄圧式ハイブリッドバスの「CHASSE」。機械式AT車で、ゼクセル製の冷房が屋根上集中型になった。新宿に3台、小滝橋に4台、巣鴨に2台配置された。

V-C782（日野KC-HT2MLCA）

前年度に引き続き増備されたブルーリボンHTツーステップバスのKC-車。前中4枚折戸・銀枠2段窓の日野ボディは前年度車と変わっていない。品川に7台、葛西に5台配置された。

L-C789（日産ディーゼルKC-UA460LSN）

前年度に引き続き採用された日デUAツーステップバスのKC-車。前中4枚折戸・銀枠2段窓の富士7E型ボディで、冷房は富士重工の屋根上集中型。北に4台、江東に7台配置された。

R-C767（いすゞ KC-LV380L）

前年度に引き続き導入されたいすゞ LVツーステップバスのKC-車。富士ボディからキュービックに変わったが、冷房は同じビルトインタイプ。大塚に5台、臨海に7台配置された。

W-C854（日野KC-RJ1JJAA）

1996年度に初めて採用されたレインボー RJツーステップバスのKC-車。エンジンはJ08C型、ホイールベースは4490㎜。前中4枚折戸で多区間運賃仕様の7台が青梅に配置された。

1997(平成9)年度の車両

1997(平成9)年度もKC-車が導入された。一般路線車では在来型のツーステップバスの増備を中止。ノンステップバスは三菱車と日産ディーゼル車のほか、初めていすゞ車と日野車が新製された。らくらくステップバスはいすゞ車・日野車・三菱車を採用。いすゞに富士ボディ架装車、日野に都市新バス仕様が加わり、日野と三菱の中型車も導入されている。低公害車は日野の電気式ハイブリッドバス、三菱・いすゞの蓄圧式ハイブリッドバス、日産ディーゼル・いすゞのCNGバスを増備。北営業所にもCNG充填施設が設けられた。

R-D202(いすゞ LV832L)

初めて1台登場したいすゞ LVノンステップバス。エンジンは6HE1型、ホイールベースは4800㎜で、ZF製トルコンATを装備。1997年度車のみ中扉がグライドスライドドアである。

V-D203(日野HU2PM)

初めて登場したブルーリボンノンステップバス。エンジンP11C型、ホイールベース5110㎜のトルコンAT車で、中扉がグライドスライドドア。葛西に4台、早稲田に2台配置された。

H-D221（日産ディーゼルUA460KAM）

前年度に続き採用された日デUAノンステップバス。ZF製のトルコンAT車である。UAは中扉が引戸で、1997年度車から裾部に明かり窓がついた。千住と江東に各2台、臨海に3台配置された。

T-D209（いすゞ KC-MP747K）

前年度に続いて導入されたエアロスターノンステップバス。エアロスターはMT車である。早稲田に2台配置され、1999年に都営バスのマスコット「みんくる」のPRカーとなった。

P-D295（いすゞ KC-LV280L）

前年度に続いて採用されたいすゞLVのらくらくステップバス。D295は側窓の天地が大きいワンステップバスタイプの富士7E型ボディが架装され、1台だけの貴重な存在となった。

E-D292（いすゞKC-LV280L）

同じく前年度に続いて導入されたLVのらくらくステップバス。小滝橋のD292〜294は前年度車と同じキュービックだが、1997年度車は側面表示器部分の窓が1枚ガラスとなった。

A-D315（日野KC-HU2MLCA）

前年度に続き増備されたブルーリボンHUのらくらくステップバス。1997年度車は側面表示器の下が固定窓になった。一般路線用は品川に11台、目黒に4台、葛西に6台配置された。

D-D341（日野KC-HU2MLCA）

同じく前年度に続いて導入されたブルーリボンHUのらくらくステップバス。杉並のD332〜341は黒枠逆T字型窓・ハイバックシートの都市新バス（都03系統）用として登場した。

K-D274（三菱ふそうKL-MP737K）

引き続き採用された蓄圧式ハイブリッドバス「MBECS Ⅲ」。1997年度車は「平成11年排出ガス規制」適合のKL-車となり、らくらくステップバスとなった。南千住に2台配置された。

G-D247（いすゞ KC-LV280L改）

引き続き導入された蓄圧式ハイブリッドバス「CHASSE」。前年度と同じ機械式AT車で、1997年度は側面表示器部分の窓が1枚ガラスとなった。大塚と巣鴨に2台ずつ配置された。

A-D265（日野KC-RU1JLCH）

引き続き増備された電気式ハイブリッドバス「HIMR」。前年度と同じ銀枠2段窓の一般路線用だが、側面表示器の下が固定窓になった。品川と葛西に各2台、目黒に4台配置された。

R-D255（いすゞ NE-LV288L）

前年度に引き続き増備されたキュービックのCNGツーステップバス。前年度車と同じ銀枠2段窓の一般路線用で、冷房装置はゼクセル製である。深川に5台、臨海に7台配置された。

N-D283（日産ディーゼルNE-UA4E0HAN）

前年度に引き続き採用された日デUAのCNGツーステップバス。前年度車と同じ銀枠2段窓の一般路線用だが、側面表示器部分の窓が1枚ガラスに変更された。北に14台配置された。

W-D864（日野KC-RJ1JJCK）

前年度に続いて新製されたレインボーRJのKC-車。1997年度車はワンステップバスの型式のらくらくステップバスだが、ニーリング機構はついていない。青梅に5台配置された。

H-D871（三菱ふそうKC-MK219J）

前年度に続き導入されたエアロスターMKのらくらくステップバス。リーフサスなのでニーリング機構はついていない。側面表示器の下が固定窓になった4台が千住に配置された。

1998(平成10)年度の車両

1998(平成10)年度もKC-車が導入された。大型のらくらくステップバスは都市新バスの日産ディーゼル車と日野車を新製。中型のらくらくステップバスはいすゞ・日野・三菱製が採用された。ノンステップバスは4メーカー揃って導入。中扉が引戸に統一されている。ハイブリッドバスは電気式の日野「HIMR」だけを増備。CNGバスは前年度までのいすゞ・日産ディーゼル製に三菱製が加わったほか、いすゞ・日産ディーゼルのノンステップバスが初めて採用された。また特定バスのいすゞ車と日野車が久しぶりに導入された。

S-E400(いすゞ KC-LV832L改)

初めて登場したいすゞLVのCNGノンステップバス。エンジン6HA1型、ホイールベース4800㎜のトルコンAT車である。1998年度車はこの1台だけ中扉がグライドスライドドアである。

N-E401(日産ディーゼルKC-UA460KAM改)

同じく1998年度に初めて採用された日デUAのCNGノンステップバス。エンジンはPU6型、ホイールベースは4800㎜で、ZF製のトルコンATを装備している。北に1台だけ配置された。

E-E410（いすゞ KC-LV832L）

引き続き採用されたいすゞLVノンステップバス。1998年度から型式認定を受けたKC-車となり、中扉が引戸に変更されている。新宿・小滝橋・深川に各2台、臨海に3台配置された。

L-E407（日産ディーゼルKC-UA460KAM）

前年度に続いて増備された日デUAノンステップバス。1998年度から型式認定を受けたKC-車となり、幕板が狭く窓が大きい量産型ボディに変更されている。江東に2台配置された。

Y-E404（日野KC-HU2PMCE）

引き続き導入されたブルーリボンノンステップバス。1998年式は型式認定を受けたKC-車で、中扉が引戸に変更された。品川・目黒に各2台配置され、目黒の2台は港南に転属した。

H-E417（三菱ふそうKC-MP747K）

前年度に続いて増備されたエアロスターノンステップバスのKC-車。1998年度車は中扉が引戸に変更され、冷房が屋根上中央に搭載された。千住に4台、南千住に2台配置された。

V-E368（日野KC-RU1JLCH）

前年度に続いて採用された「HIMR」。1998年度車は前面の低公害バスの表示灯が廃止され、側面表示器部分の窓が1枚ガラスに変更されている。目黒と葛西に2台ずつ配置された。

L-E427（日産ディーゼルKC-UA460LAN）

1996年度に続いて導入された日デUAのらくらくステップバス。1998年度は都市新バス仕様の8台が江東に配置されたが、前面の愛称表示灯が廃止され、マグネットに変更された。

D-E432（日野KC-HU2MLCA）

引き続き増備されたブルーリボンHUのらくらくステップバスで、都市新バス仕様の10台を杉並に配置。側面表示器部分の窓が1枚ガラスとなり、前面の愛称表示灯が廃止された。

S-E353（いすゞ NE-LV288L）

前年度に続いて採用されたいすゞLVのCNGツーステップバス。前面の低公害バスの表示灯が廃止され、地球マークのステッカーが貼られた。深川に12台、臨海に3台配置された。

N-E372（日産ディーゼルNE-UA4E0HAN）

前年度に続いて導入された日デUAのCNGツーステップバス。1998年度車は前面の低公害バスの表示灯が廃止され、青空マークのステッカーが貼られている。北に9台配置された。

S-E370（三菱ふそうKC-MP717K改）

1998年度に初めて登場したエアロスターのCNGツーステップバス。床下にボンベが搭載されたため、ノンステップバスと同じパッケージ型の冷房を採用。深川に2台配置された。

A-E802（日野KC-RJ1JJCK）

前年度に引き続き増備されたレインボー RJのらくらくステップバス。品川に9台、目黒に10台、葛西に1台配置され、品川のE800 ～ 804はビニール張りシートの市01専用車だった。

V-E890（三菱ふそうKC-MK219J）

エアロスター MKのらくらくステップバス。南千住にE888 ～ 890、青戸にE891 ～ 893が配置されたが、E888 ～ 890は葛西に転属し、E891・893は品川でビニール張りシートの市01専用車に転用された。

E-E874（いすゞ KC-LR333J）

初めて採用されたジャーニー KのKC-車。エンジンは6HH1型、ホイールベースは4400㎜で、ニーリング機構のないらくらくステップバスとなっている。小滝橋に4台配置された。

P-E958（いすゞ KC-LV380L）

4年ぶりに新製された特定バスで、E957・958は観光マスクのキュービック。大塚と巣鴨に配置された。またE955・956は観光マスクのブルーリボンHT。目黒と杉並に配置された。

1999(平成11)年度の車両

1999(平成11)年度も引き続きKC-車が導入された。路線バスはすべてノンステップバスに統一。ディーゼル車は日産ディーゼル・日野・三菱製で、日産ディーゼル・三菱製の全車と日野製の一部が都市新バスに使用された。CNG車は前年度と同じいすゞ・日産ディーゼル製に加え、初めて日野と三菱のノンステップバスが採用された。特定バスは今年度から貸切バスと同じように、配置営業所にかかわらず車種を統一。今年度は三菱車が選択されている。なお、4月の路線再編で所管路線が減少した練馬営業所は、北営業所の支所に変更された。

S-F464(三菱ふそうKC-MP747K改)

1999年度に初めて1台登場したエアロスターのCNGノンステップバス。エンジン6D24型、ホイールベース4800㎜のMT車である。冷房装置は三菱重工製を搭載。深川に配置された。

N-F463(日野KC-HU2PMCE)

同じく1999年度に1台新製されたブルーリボンのCNGノンステップバス。エンジンP11C型、ホイールベース5110㎜のトルコンAT車。北に配置され、たった1台の異色の存在だった。

R-F444（いすゞ KC-LV832L改）

前年度に続き採用されたいすゞ LVのCNGノンステップバス。ZF製のトルコンATを装備し、1999年度車は中扉が引戸に変更された。冷房装置はゼクセル製。臨海に3台配置された。

C-F447（日産ディーゼルKC-UA460KAM改）

前年度に続いて導入された日デUAのCNGノンステップバス。冷房装置は富士重工製である。北に4台配置されたが、都庁敷地内にCNG充填施設が設置されると、3台が新宿に転属した。

S-F450（日野KC-HU2PMCE）

前年度に続いて増備されたブルーリボンHUノンステップバス。品川と葛西に各3台、杉並に2台配置されたが、杉並の新バス用の2台は都03系統の路線移管により深川に転属した。

L-F458（日産ディーゼルKC-UA460KAM）

前年度に続いて導入された日デUAノンステップバス。ZF製のトルコンATを装備する。前面に愛称用サボ受けがあり、2台が江東で主に都市新バス（都04・07系統）に使用された。

B-F457（三菱ふそうKC-MP747K）

引き続き増備されたエアロスターノンステップバス。1999年度車は黒色サッシとなった。前面に愛称用サボ受けがあり、3台が渋谷で都市新バス（都01・06系統）に使用された。

N-F965（三菱ふそうKC-MP717K）

特定バスとして新製されたエアロスターで、1999年度車からエアサス仕様になっている。目黒・渋谷・新宿・早稲田・大塚・北・千住・南千住・青戸・深川に計13台配置された。

2000(平成12)年度の車両

2000(平成12)年度も大型車は引き続きKC-車が導入されたが、中型車は「平成10年排出ガス規制」に適合したKK-車となった。また車両の新製がごくわずかとなったことが特徴である。路線バスは日産ディーゼル製の中型CNGノンステップバス、台東区から運行受託したコミュニティバス用の日野製の7m尺中型ノンステップバスのみである。特定バスはいすゞ製が選択されている。なお、12月の路線再編により、目黒営業所が品川営業所の支所、新宿営業所が渋谷営業所の支所、杉並営業所が早稲田営業所の支所に変更された。

R-G896(日産ディーゼルKK-RM252GAN改)

2000年度に初めて導入された日デRMのCNGノンステップバス。エンジンFU6型、ホイールベース4100㎜のMT車である。都営バス初の西工ボディが架装され、臨海に3台配置された。

K-G020(日野KK-HR1JEEE)

3台在籍した7m尺のレインボーHRで、エンジンはJ08C型、ホイールベースは3350㎜。台東区コミュニティバス「めぐりん」用として南千住に配置された。(写真提供:鈴木文彦)

P-G902(いすゞ KC-LV280L)

特定車として1998年度に続き採用されたキュービックのKC-車。1999年度車はエアサス仕様。品川・巣鴨・千住・南千住・葛西に計8台配置され、都営バス最後の特定車となった。

2001（平成13）年度の車両

2001（平成13）年度は「平成11年排出ガス規制」適合のKL-車が導入され、路線バスだけが新製されている。いすゞ製はモデルチェンジされてエルガとなり、AT仕様のノンステップバスtype-Bが選択された。日産ディーゼルUAはAT仕様のノンステップバスFタイプ、三菱製は引き続きエアロスターノンステップバスが採用され、初めて中型ロングタイプの日産ディーゼルJPと日野レインボーHRが登場した。低公害バスはCNG車のみとなり、いすゞエルガノンステップバスtype-Bと日産ディーゼルUAノンステップバスFタイプが導入された。

R-H112（いすゞ KL-LV834L1改）

初めて採用されたエルガのCNGノンステップバスtype-B。エンジン6HA1型、ホイールベース4800㎜のAT車で、床は中扉以降もノンステップ。新宿・深川・臨海に計13台配置された。

N-H115（日産ディーゼルKL-UA272KAM改）

初めて導入された日デUAのKL-車。CNGノンステップバスFタイプは、エンジンPU6型、ホイールベース4800㎜のAT車で、床は中扉以降もノンステップである。北に4台配置された。

G-H126(いすゞKL-LV834L1)

初めて登場したエルガノンステップバスのtype-B。ディーゼル車のエンジンは6HK1型で、中扉以降もノンステップのAT車。小滝橋・大塚・巣鴨・深川・臨海に計32台配置された。

L-H194(日産ディーゼルKL-UA272KAM)

日デUAノンステップバスのKL-車で、セーフティウインドが廃止された。中扉以降もノンステップでATのFタイプ。エンジンはMD92型である。北・練馬・江東に計11台配置された。

B-H155(三菱ふそうKL-MP37JK)

初めて採用されたエアロスターのKL-車。エンジン6M70型、ホイールベース4800㎜のMT車で、中扉以降はステップアップ。渋谷・早稲田・千住・南千住・青戸に計32台配置された。

L-H319（日産ディーゼルKL-JP252NAN改）

ノンステップバスの購入価格抑制のため、初めて登場した中型ロングタイプの日デJP。エンジンはFE6型、ホイールベースは5560㎜。北・練馬・青戸・江東に計24台配置された。

Z-H243（日野KL-HR1JNEE）

初めて採用された中型ロングタイプの日野レインボーHR。エンジンはJ08C型、ホイールベースは5480㎜。新製時は新宿・青梅・北・練馬・南千住・青戸・江東以外に計59台配置された。

W-H233（日野KL-HR1JNEE）

同じく初めて導入された日野レインボーHRで、青梅に3台配置された多区間運賃仕様。側面表示器や車外スピーカーの位置が都区内の車両と異なる。のちにLED化改造されている。

2002（平成14）年度の車両

2002（平成14）年度もKL-車・KK-車の路線バスだけを新製。1985年度車から前扉横に設置されてきた都区内配置車の側面表示器が、戸袋前に変更された。いすゞ車は前年度と同じエルガだが、MT仕様で中扉以降がステップアップされたtype-Aとなった。日産ディーゼルUAノンステップバスも同様に、MT仕様で中扉以降がステップアップされたGタイプが選択された。三菱エアロスターはディーゼル車とCNG車が導入されている。中型ロングタイプは日産ディーゼルJPと日野レインボーHRに加え、三菱エアロミディ MKが初めて採用された。

R-K679（三菱ふそうKL-MP37JK改）

1999年度に続き採用されたエアロスターのCNGノンステップバス。2002年度はKL-車で、エンジン6D24型、ホイールベース4800㎜のAT車となった。北に5台、臨海に7台配置された。

N-K502（日産ディーゼルKL-UA452KAN改）

日デUAノンステップバスは中扉以降がステップアップされたGタイプとなった。エンジンPF6H型、ホイールベース4800㎜のMT車で、北に5台、練馬に3台、江東に1台配置された。

H-K535（三菱ふそうKL-MP37JK）

前年度に続いて増備されたエアロスターのKL-車。冷房装置の形状がKC-車と異なり、2002年度車は側面表示器が戸袋前にある。渋谷・早稲田・千住・南千住に計38台配置された。

S-K495（いすゞ KL-LV280L1）

エルガノンステップバスは中扉以降をステップアップしたtype-Aとなった。エンジン8PE1型、ホイールベース4800㎜のMT車で、小滝橋・巣鴨・葛西・深川に計28台配置された。

R-K557（日産ディーゼルKL-JP252NAN改）

前年度に続いて導入された日デJPのKL-車。冷房がゼクセル製からデンソー製に変更され、側面表示器が戸袋前に設置されている。練馬に2台、青戸に7台、臨海に16台配置された。

リヤ

D-K622（日野KL-HR1JNEE）

引き続き増備されたレインボーHRのKL-車。都区内の品川・小滝橋・巣鴨・葛西・深川に計40台配置されたが、側面表示器は戸袋前にある。2002年度車はのちにLED化改造された。

リヤ

H-K607（三菱ふそうKK-MK27HM）

2002年度に初めて登場した中型ロングタイプのエアロミディ MKのKK-車。エンジン6M61型、ホイールベース5560㎜のMT車である。渋谷・早稲田・千住・南千住に計38台配置された。

2003(平成15)年度の車両

2003(平成15)年度もKL-車の路線バスだけを新製。今年度に限り固定窓が採用された。いすゞエルガと日産ディーゼルUAは前年度と同じtype-AとGタイプを増備。UAが富士ボディから西工ボディに変わっている。三菱エアロスターは今年度もディーゼル車とCNG車を導入。一部は渋谷～六本木ヒルズ直行便用に森ビルが購入したワンロマ車である。中型ロングタイプのレインボーHRは都区内と青梅に配置。トヨタ製燃料電池バスの走行試験が行われた。なお、目黒支所が廃止されて分駐所となり、杉並支所がはとバスに管理委託された。

B-L662(三菱ふそうKL-MP37JM)

2003年度車が3台在籍していた中間尺のエアロスターノンステップバス。ホイールベース5300㎜のMT車で、室内に2人掛けシートが並ぶワンロマタイプ。RH01系統に使用された。

車内

B-L661(三菱ふそうKL-MP37JM)

2003年4月に六本木ヒルズが開業すると、渋谷駅～六本木ヒルズ間に都01折返系統とRH01系統を新設。途中、六本木けやき坂のみ停車のRH01系統にはワンロマ車が使用されていた。

B-L662(三菱ふそうKL-MP37JM)

RH01系統のワンロマ車は森ビルが購入して東京都交通局に貸与。村上隆氏デザインの1台ずつ異なるラッピングが施されたが、のちに交通局の所有となり一般カラーに変更された。

K-L655（日野KL-HR1JNEE）

2008年4月に観光周遊バス「東京▶夢の下町」を運行開始。レインボーHRのL654～656・769・770が、ステンレス鋼板を使って流線形に仕立てたレトロモダンな専用車に改造された。

S-L111（トヨタFCHV-BUS2）

2003年度には東京都・トヨタ自動車・日野のパイロット事業として、燃料電池バス1台を深川管内で運行し、市販モデル製造のためのデータを収集した。（写真提供：東京都交通局）

S-L752（日野KL-HR1JNEE）

前年度に続いて導入されたレインボーHRだが、固定窓に変更された。L635・639～641・643・672・751・762・763・780・781はのちに多区間運賃仕様に改造のうえ青梅に転属した。

リヤ

W-L630（日野KL-HR1JNEE）

2001年度に続いて青梅に1台だけ配置された多区間運賃仕様のレインボーHR。固定窓に変更されている。2003年度車はエアロスターを除き、右側の最後部だけが逆T字型窓だった。

リヤ

B-L701（三菱ふそうKL-MP37JK）

引き続き増備された短尺エアロスターのKL-車。固定窓に変更され、エアロスターは右最後部の窓が小さいため引き違い式だった。渋谷・早稲田・千住・青戸に計27台配置された。

V-L725（いすゞ KL-LV280L1改）

前年度に続いて導入されたエルガノンステップバスのtype-A。固定窓に変更され、右最後部だけが逆T字型窓。冷房装置はサーモキング製である。新製時は21台全車が臨海に配置された。

N-L797（日産ディーゼルKL-UA452KAN改）

前年度に引き続き新製された日デUAノンステップバスのGタイプ。2003年度車は西工B-Ⅰ型ボディで、固定窓・デンソー製冷房に変更された。北・練馬・江東に計25台配置された。

R-L118（三菱ふそうKL-MP37JM改）

前年度に続いて採用されたエアロスターCNGノンステップバス。アリソン製のトルコンAT車で、冷房は三菱重工製。固定窓に変更された。新宿と臨海に各2台、北に6台配置された。

2004（平成16）年度の車両

2004（平成16）年度は「平成16年排出ガス規制」適合のPJ-車が導入され、引き続き路線バスだけが新製された。また今年度から新車の購入を競争入札方式に変更。営業所ごとの指定メーカー制度が廃止された。このため、今年度の新車はいすゞエルガノンステップバスとCNGノンステップバス、統合モデルの日野ブルーリボンⅡノンステップバスだけになり、すべての営業所・支所に同型のボディが並ぶこととなった。なお、葛西営業所を江戸川営業所に改称。臨海営業所が江戸川営業所臨海支所になり、はとバスに管理委託された。

P-M191（いすゞ PJ-LV234L1）

2014年の都営バス90周年を記念して、2004年度車5台に歴代のカラーがラッピングされた。M191は1951 ～ 58年度のデザインで、上部がカスケードブルー、裾部がフェザードグリーンである。

リヤ

G-M137（いすゞ PJ-LV234L1）

2004年度に初めて登場したエルガノンステップバスのPJ-車。エンジン6HK1型、ホイールベース4800㎜のMT車で、冷房はデンソー製である。80台が7つの営業所・支所に配置された。

車内

リヤ

P-M190（いすゞ PJ-LV234L1）

M190は1959～61年度のデザインのキャピタルクリームとマルーンの帯。なお、このデザインは東京オリンピックの開催に合わせ、1962～67年度にはオリンピアクリームとオリンピアレッドの帯となった。

リヤ

B-M205（いすゞ PJ-LV234L1）

M205は1968～80年度のデザインで、アイボリーをベースにスカイブルーをあしらったもの。当時の都知事が美濃部亮吉だったことから、通称"美濃部カラー"と呼ばれていた。

B-M202（いすゞ PJ-LV234L1）

M202は1980年度に官庁街循環ミニバスに採用され、翌年度から登場まもない冷房車をPRするため標準色とされたカラー。色合いが派手過ぎると都民に不評だったため、短命に終わっている。

B-M128（いすゞ PJ-LV234L1）

M128は1982年度からノンステップバスが登場するまで採用されたデザインで、クリーム、グリーン、グレーの3トーン。その塗り分けの形から"ナックルカラー"と呼ばれていた。

R-M126（いすゞ KL-LV834L1改）

エルガCNGノンステップバスのKL-車で、ディーゼル車と異なりAT仕様のtype-Bが踏襲されている。冷房はサーモンキング製。深川に5台配置され、のちに全車が臨海に転属した。

A-M254（日野PJ-KV234L1）

エルガとともに導入された統合モデルのブルーリボンⅡである。45台が5つの営業所・支所に配置された。なお、2004年度車は全車種とも、新製時からLED表示器が装着されていた。

2005(平成17)年度の車両

2005(平成17)年度も「平成16年排出ガス規制」適合のPJ-車・PB-車が導入され、「平成17年排出ガス規制」適合のADG-車も新製された。また後期の車両からUVカット機能がある着色ガラスが採用された。ディーゼル車は前年度に続いていすゞエルガと日野ブルーリボンIIを増備。日産ディーゼルスペースランナーRAも新製された。CNG車は前年度と同じいすゞエルガがPJ-車で導入されたほか、江東区コミュニティバス用の日野リエッセも採用された。なお、品川営業所港南分駐所が支所に変更され、営業所記号「Y」が与えられている。

D-N317(いすゞ PJ-LV234L1)

前年度に続いて2005年度前期に導入されたエルガノンステップバスのPJ-車。冷房装置はデンソー製である。42台が新製時は品川・新宿・早稲田・練馬・南千住・江戸川に新製配置された。

R-N399(いすゞ PJ-LV234L1改)

前年度に続いて採用されたエルガのCNGノンステップバスだが、8PF1型エンジン+MTのPJ-車となった。冷房装置はサーモキング製。5台が深川に配置され、のちに全車が臨海に転属した。

L-N420（日産ディーゼルADG-RA273KAN）

2005年度の後期に初めて登場したスペースランナー RAのADG-車。エンジンはMD92型、ホイールベースは4800㎜で、着色ガラスが採用された。19台が北・練馬・江東に配置された。

N-N334（日野PJ-KV234L1）

前年度に引き続き2005年度前期に導入されたエルガノンステップバスのPJ-車で、エルガとの統合モデル。69台が新製時は港南・渋谷・杉並・巣鴨・北・千住・南千住・深川に配置された。

S-N050（日野PB-RX6JFAA改）

江東区から運行受託したコミュニティバス「しおかぜ」の専用車として、深川に1台配置されたリエッセのCNG改造車である。エンジンはJ05D型、ホイールベースは3550㎜である。

2006（平成18）年度の車両

2006（平成18）年度は「平成17年排出ガス規制」適合のPKG-車が導入された。また全車両にUVカット機能がある着色ガラスが採用されている。今年度は13年ぶりに貸切バスを新製。ボディカラーが一新されたいすゞガーラが渋谷と南千住に配置された。路線用のディーゼル車は日産ディーゼルスペースランナー RAを都区内と青梅に配置。CNG車は三菱エアロスターが北と臨海に配置された。なお、南千住営業所青戸支所をはとバスに管理委託。渋谷営業所新宿支所は分駐所に変更されたため、営業所記号が渋谷と同じ「B」になった。

B-P003（いすゞ PKG-RU1ESAJ）

貸切バスとして5台新製されたガーラで、エンジンはE13C型、ホイールベースは6080㎜。渋谷に配置されたP001 ～ 003は神宮の杜の緑にイチョウの葉をあしらったデザインである。

K-P005（いすゞ PKG-RU1ESAJ）

同じく貸切バスとして採用されたガーラ。南千住に配置されたP005・006は隅田川の流れの青にサクラの花びらをあしらったデザイン。内装は5台とも同一で、乗客定員55人である。

K-P522（日産ディーゼルPKG-RA274KAN）

前年度に続き導入されたスペースランナー RAノンステップバス。尿素SCRシステムによりいち早く排出ガス規制に適合させた。均一運賃仕様の102台は11営業所・支所に配置された。

車内

R-P534（三菱ふそうKL-MP37JK改）

2003年度に続いて採用されたエアロスター CNGノンステップバスのKL-車で、2006年度車は着色ガラスの逆T字型窓。北に2台、臨海に3台配置され、都営バス最後のCNG車となった。

車内

W-P440（日産ディーゼルPKG-RA274KAN）

スペースランナー RAノンステップバスの多区間運賃仕様は4台が青梅に配置された。車内の座席配置は都区内の車両と同じだが、運賃表示器や整理券発行機が取り付けられている。

2007(平成19)年度の車両

2007(平成19)年度はPKG-車・BJG-車が導入され、再び路線バスだけが新製された。一般路線車は日野ブルーリボンⅡノンステップバスに統一。前照灯2灯の"日野顔"が初めて登場し、均一運賃仕様が品川・港南・小滝橋・大塚・巣鴨・北・練馬・千住・南千住・青戸・江東・江戸川・深川、多区間運賃仕様が青梅に配置された。低公害車はCNGバスからハイブリッドバスに変更され、ボディサイドに"Hybrid"と表記してアピール。日野ブルーリボンシティ HUハイブリッドノンステップバスが渋谷(新宿分駐所を含む)に配置されている。

G-R585(日野PKG-KV234L2)

2007年度に初めて登場したブルーリボンⅡノンステップのPKG-車。エンジン6HK1型、ホイールベース4800㎜のMT車で、冷房装置はデンソー製。均一運賃仕様は96台新製された。

W-R575(日野PKG-KV234L2)

ブルーリボンⅡノンステップバスの多区間運賃仕様は6台が青梅に配置された。「後のり」「フリー乗降区間」のサボ受けや車外スピーカーの位置などが都区内の車両とは異なる。

Y-R112(日野BJG-HU8JLFP)

CNGバスに代わって初めて採用されたブルーリボンシティ HUハイブリッドバス。エンジンJ08E型、ホイールベース4800㎜のMT車である。渋谷に3台、新宿に2台新製配置された。

2008(平成20)年度の車両

2008(平成20)年度はPKG-車・PDG-車・BJG-車が導入され、路線バスだけが新製された。一般路線車は2年ぶりに日産ディーゼルスペースランナーRAが選択され、品川・渋谷・小滝橋・早稲田・巣鴨・大塚・北・練馬・千住・南千住・江東・江戸川に配置された。また中型のいすゞエルガミオが、初めてバックアイが装着され青梅に配置された。低公害車は前年度と同じ日野ブルーリボンシティ HUハイブリッドが、品川・江東・江戸川・深川に配置された。なお、大塚営業所が巣鴨営業所大塚支所に変更され、港南支所がはとバスに管理委託されている。

A-S815(いすゞ PDG-LR234J2)

初めて登場したエルガミオのPDG-車。エンジン6HK1型、ホイールベース4400㎜のMT車。7台が青梅に配置されたのち、品川に転属してビニール張りシートの市01系統専用車となった。

A-S696(日産ディーゼルPKG-RA274KAN)

2006年度に続いて採用されたスペースランナー RAノンステップバス。冷房がサーモキング製からデンソー製に変更されている。60台新製され、都営バス最後の日デ車となった。

L-S130(日野BJG-HU8JLFP)

前年度に続いて導入されたブルーリボンシティ HUハイブリッド。J08型エンジンをモーターがアシストする。冷房装置はデンソー製。2008年度は43台という大量増備となっている。

2009(平成21)年度の車両

2009(平成21)年度もPKG-車・BJG-車が導入され、路線バスだけが新製された。また今年度から大型車にもバックアイが装着され、在来車への取り付けも開始された。一般路線車は4年ぶりにいすゞエルガとなり、品川・渋谷・小滝橋・杉並・大塚・北・練馬・千住・江東・江戸川・臨海・深川に配置された。低公害車は引き続き日野ブルーリボンシティ HUハイブリッドで、品川・渋谷・新宿・小滝橋・早稲田・巣鴨・大塚・北・練馬・千住・南千住・江東・江戸川に配置された。なお、新宿分駐所が支所に戻り、はとバスに管理委託されている。

H-T203(いすゞ PKG-LV234L1)

2005年度に続いて選択されたいすゞエルガ。PKG-車は初めて採用され、新製時からバックアイが装着された。52台が新製され、渋谷のT188 ~ 192はのちにカラー LED表示器に交換された。

A-T240(日野BJG-HU8JLFP)

前年度に引き続き増備されたブルーリボンシティ HUハイブリッド。新製時からバックアイが装着された。22台が新製され、渋谷のT245 ~ 248・250 ~ 252はのちにカラー LED表示器に交換された。

2010(平成22)年度の車両

2010(平成22)年度は「ポスト長期規制」適合のLKG-車・LJG-車が導入された。また中扉以降2列のシートが、2人掛けから1人掛けに変更された。一般路線車は三菱エアロスターが選択され、品川・港南・渋谷・小滝橋・杉並・早稲田・巣鴨・北・練馬・千住・南千住・江東・江戸川・深川に配置された。低公害車は引き続き日野ブルーリボンシティ HUハイブリッドで、品川・港南・巣鴨・大塚・北・南千住・青戸・江東・江戸川・深川に配置された。なお、年度末に北営業所のCNG充填設備が廃止され、所属のCNG車は臨海に転属している。

N-V354(三菱ふそうLKG-MP37FK)

久々に登場したエアロスターで、エンジン6M60型、ホイールベース4800㎜のトルコンAT車である。85台が新製され、渋谷のV328 ~ 333、江東のV387 ~ 392はのちにカラー LED表示器に交換された。

V-V303(日野LJG-HU8JLGP)

初めて登場したブルーリボンシティ HUハイブリッドのLJG-車。デンソー製の冷房装置が電動式パッケージクーラーに変更され、燃費改善が図られている。20台が新製されている。

2011(平成23)年度の車両

2011(平成23)年度は「ポスト長期規制」適合のLKG-車が導入された。また前年度に引き続き中扉以降2列が1人掛けシートとなっている。一般路線車は前年度と同じ三菱エアロスターノンステップバスが採用され、品川・港南・渋谷・新宿・小滝橋・杉並・千住・南千住・江東・江戸川・臨海・深川に配置された。低公害車の日野ブルーリボンシティ HUハイブリッドの増備は見送られたものの、日野のIPTハイブリッドバス1台が深川に配置され、路面に設置された供給コイルから非接触充電して営業運転を行う実証実験が実施された。

S-W408(三菱ふそうLKG-MP37FK)

前年度に続いて採用されたエアロスターのLKG-車。アリソン製のトルコンAT車。81台が新製され、江東のW432 ~ 441・460、渋谷のW450 ~ 454・474・475はのちにカラーLED表示器に交換された。

リヤ

車内

S-W777(日野ACG-HU8JMFP改)

前年度と今年度に何回か実証実験が行われたIPTハイブリッドバス。路面の供給コイルから床下の車載コイルに給電し、J05D型エンジンをサポートしながら走行する。(写真提供:東京都交通局)

2012(平成24)年度の車両

2012(平成24)年度は「平成21年排出ガス規制」＋低排出ガス10％を達成した「ポスト新長期規制」適合のQPG-車・QQG-車が初めて導入されている。一般路線車は3年ぶりに選択されたいすゞエルガノンステップバスで、三菱車とは異なりMT仕様で導入された。渋谷・江東・江戸川・深川に配置されている。低公害車は初めて選択されたいすゞエルガハイブリッドノンステップバスで、この車両独自のAMT仕様となっている。品川・南千住・深川に配置されている。2012年度は両者を合わせて20台という少数の新車採用にとどまった。

K-X296(いすゞ QQG-LV234L3)

2011年度に初めて採用されたエルガハイブリッドのQQG-車。6HK1型エンジンをモーターがアシストするAMT車で、客室右最後部にバッテリーが搭載されている。8台が新製された。

リヤ

車内

S-X279(いすゞ QPG-LV234L3)

2011年度に初めて導入されたエルガノンステップバスのQPG-車。エンジン6HK1型、ホイールベース4800㎜のMT車。12台が新製され、渋谷のX270～272はのちにカラーLED表示器に交換された。

2013(平成25)年度の車両

2013(平成25)年度も「平成21年排出ガス規制」＋低排出ガス10%を達成した「ポスト新長期規制」適合のQKG-車が導入されている。一般路線車は2010・11年度に続いて選択された三菱エアロスターノンステップバスで、アリソン製のトルコンATが搭載されている。品川・早稲田・江戸川・深川に配置された。低公害車のハイブリッドバスの採用は見送られたため、2013年度の新車は前年度に続き、わずか20台だけにとどまっている。なお、年度末に深川営業所のCNG充填設備が廃止され、所属していたCNG車は臨海に転属している。

S-Y483(三菱ふそうQKG-MP37FK)

初めて採用されたエアロスターノンステップバスのQKG-車。エンジン6M60型、ホイールベース4800㎜のアリソン製トルコンAT車で、冷房は三菱重工製。新製時からLEDの路肩灯が装着された。

2014（平成26）年度の車両

2014（平成26）年度も「ポスト新長期規制」適合のQPG-車・LNG-車が導入された。また屋根上後部の通風装置が丸形ファンから角形ファンに変更されている。一般路線車は2012年度に続いて導入されたいすゞエルガノンステップバスで、品川・小滝橋・杉並・巣鴨・練馬・千住・南千住・江東・江戸川・臨海・深川に配置された。低公害車は4年ぶりに採用された日野ブルーリボンシティ HUハイブリッドだが、クラッチをモーターとエンジンの間に挟んだ次世代ハイブリッドバスで、2台が深川でおよそ1年間の実証実験に使用された。

V-Z551（いすゞ QPG-LV234L1）

2012年度に続いて導入されたエルガノンステップバスのQPG-車。冷房はデンソー製で、後部のファンを角形に変更。60台が新製され、深川のZ508 ～ 551はのちにカラーLED表示器に交換された。

AMT仕様の次世代ハイブリッドバス。クラッチの位置を変えることで、発進時はモーターだけで走行。今日のブルーリボンハイブリッドのベースとなった。深川に2台配置された。

S-Z501（日野LNG-HU8JLGP改）

2015(平成27)年度の車両

2015(平成27)年度も「ポスト新長期規制」適合のQPG-車・QKG-車が導入された。一般路線車は前年度に引き続きいすゞエルガノンステップバスを選択。均一運賃仕様はMT車で、前面の都市新バス愛称用サボ受けが廃止されている。品川・港南・渋谷・新宿・小滝橋・杉並・早稲田・巣鴨・北・練馬・千住・南千住・青戸・江東・江戸川・臨海・深川に配置された。多区間運賃仕様はトルコンAT車で、青梅に配置された。低公害車の採用は見送られている。なお、年度末に大塚支所が廃止され、所管路線は巣鴨営業所に引き継がれた。

K-A633(いすゞ QPG-LV234L3)

前年度に続いて採用されたエルガノンステップバスのQPG-車。前年度車と同じようにMT車である。97台が新製され、渋谷のA583～587、深川のA664～671はのちにカラーLED表示器に交換された。

同じエルガノンステップバスだが、A605～607はアリソン製トルコンAT装備のQKG-車。車外スピーカーが中扉の隣にある多区間運賃仕様で、中扉以降のシートは両側2人掛けとなっている。

W-A606(いすゞ QKG-LV234L3)

2016（平成28）年度の車両

2016（平成28）年度も「ポスト新長期規制」適合のQDG-車が導入された。一般路線車は前年度に引き続きいすゞエルガを採用。ただし、フルモデルチェンジされた新型ボディに変わり、全車ともトルコンAT仕様となった。均一運賃仕様は新宿・青梅・練馬を除く営業所・支所に配置され、このうち渋谷・南千住に導入された17台は広幅中扉とカラーLED表示器が採用された。多区間運賃仕様は青梅に配置された。低公害車は初めてトヨタ製燃料電池バスの先行市販モデルが導入され、深川の所管路線で約1年間の実証運行が行われた。

S-B102（トヨタTFCB）

試験的に2台導入された燃料電池バスの先行市販モデル。水素の電気化学反応によって発電し、2基の113kWモーターを駆動する。ホイールベースは5300㎜。カラーLED表示器が採用された。

K-B753（いすゞ QDG-LV290N1）

初めて採用された新型エルガのQDG-車。エンジン4HK1型、ホイールベース5300㎜のトルコンAT車である。このタイプは74台新製され、深川のB780～783はのちにカラーLED表示器に交換された。

リヤ

車内

K-B794（いすゞ QDG-LV290N1）

均一運賃仕様のエルガのうち、渋谷のB784 ～ 792、南千住のB793 ～ 799・700は中扉が広幅。新製時からカラー LED表示器で、戸袋窓も広幅なので側面表示器が前扉の隣に設置された。

W-B733（いすゞ QDG-LV290N1）

多区間運賃仕様のエルガは5台が青梅に配置された。なお、エルガの2016年度車はすべて右側面が3枚固定窓で、座席は均一運賃仕様がラッシュ型、多区間運賃仕様が都市型である。

2017(平成29)年度の車両

2017(平成29)年度は「ポスト・ポスト新長期規制」適合の2DG-車の導入が開始された。一般路線車は引き続きいすゞエルガを採用。前期に登録された車両のうち、渋谷のC208～211と深川のC268～271はカラーLED表示器に交換され、後期に登録されたC281～290は新製時からカラーLED表示器が装着された。青梅を除くすべての営業所・支所に87台配置されている。低公害車はトヨタ製燃料電池バスの量産モデルSORAを採用。新製時からカラーLED表示器が装着され、車内中央にも次停留所名表示器を装備する。深川に3台配置されている。

S-C105(トヨタZBC-MUM1NAE)

2017年度に初めて登場した燃料電池バスの量産モデルSORA。前年度の先行モデルとはスタイルが大きく異なるが、113kW×2基のモーター、5300㎜のホイールベースは同一である。

リヤ

車内

K-C250(いすゞ 2DG-LV290N2)

2017年度に初めて導入されたエルガの2DG-車。アリソン製トルコンATを装備する。座席は中扉以降に1人掛けが2列あるラッシュ型。右側面が5枚とも逆T字型窓に変更されている。

2018(平成30)年度の車両

2018(平成30)年度は2DG-車・2KG-車が導入された。一般路線車は引き続きいすゞエルガを選択。品川・練馬・青梅を除く営業所・支所に66台配置された。スカニア+ボルグレンのフルフラットノンステップバスを初めて採用。渋谷・小滝橋・早稲田・巣鴨・南千住に29台配置された。低公害車は前年度と同じトヨタ燃料電池バスSORAを増備。深川・江戸川に12台配置された。また江東区コミュニティバスの新車としていすゞエルガミオ1台が深川に配置された。なお、年度末に臨海支所のCNG充填設備が廃止され、都営バスのCNG車は姿を消している。

E-D911(スカニア2DG-NB4X2BVJ)

スカニアのシャーシにボルグレンのボディを架装し、最後部までフルフラットな床にしたノンステップバス。エンジンDC09型、ホイールベース5185㎜のZF製トルコンAT車である。

リヤ

車内

S-D108(トヨタZBC-MUM1NAE)

前年度に続いて増備された燃料電池バスSORA。SORAは前扉がグライドスライドドア、中扉がプラグドア(外吊り式のスイングアウトドア)で、右側窓の上部が内側に倒れて開く。

E-D362(いすゞ 2DG-LV290N2)

引き続き導入されたエルガの2DG-車。座席配置はラッシュ型である。2018年度車は前面の窓下と中扉の上部が黒色に塗装され、全車とも新製時からカラーLED表示器が装着された。

S-D513(いすゞ 2KG-LR290J3)

江東区「しおかぜ」用のエルガミオ。エンジン4HK1型、ホイールベース4400㎜のAMT車。座席配置は都市型で、外装に区の観光キャラクター「コトミちゃん」があしらわれている。

2019(平成31・令和元)年度の車両

2019(平成31・令和元)年度も「ポスト・ポスト新長期規制」適合の2PG-車・2TG-車が導入された。一般路線車は引き続きいすゞエルガを選択。均一運賃仕様が品川を除く都区内の営業所・支所に131台、多区間運賃仕様が青梅に12台配置された。低公害車は今年度もトヨタ燃料電池バスSORAで、江戸川・臨海・深川・有明に23台配置された。また東京オリンピックを前に、13年ぶりの貸切車・いすゞガーラがリフトつきで3台新製され、渋谷と南千住に配置された。なお、年度末に有明営業所が新設され、営業所記号「J」が与えられた。

B-E008(いすゞ 2TG-RU1ASDJ改)

貸切車として新製されたリフトつきガーラの2TG-車。エンジンA09C型、ホイールベース6080㎜のMT車で、EDSSを装備する。乗客定員は50人。ボディカラーは緑系に統一されている。

S-E121(トヨタZBC-MUM1NAE)

前年度に引き続き採用された燃料電池バスSORA。スタイルは前年度車と同じだが、2019年度車はEDSSが装着され、またコロナ禍に対応するためプラズマクラスターが設置された。

S-E539(いすゞ 2PG-LV290N3)

前年度に続いて増備されたエルガ。2019年度車は型式末尾が「3」の2PG-車となり、EDSSが装着されている。いずれもカラーLED表示器で、均一運賃仕様は座席がラッシュ型である。

W-E405(いすゞ 2PG-LV290N3)

同じくエルガの2PG-車だが、青梅に配置された多区間運賃仕様で、座席配置が都市型である。E405・414は自転車ラックが取り付けられ、土日祝日は梅01系統に使用されている。

令和に登場した車両たち

2020(令和2)年度以降も「ポスト・ポスト新長期規制」適合の2PG-車が導入されている。一般路線車は2020年度に前年度と同じいすゞエルガを採用。2021 ～ 23年度に三菱エアロスターが導入され、2022年度車の一部が多区間運賃仕様で青梅に配置された。また2024年1月の都営バス100周年に先立ち、エアロスターに歴代5つの復刻カラーと100周年記念デザインがラッピングされた。低公害車は引き続きトヨタ燃料電池バスSORAを増備。2024年度末には有明営業所に、全国初のバス営業所内水素ステーションが開設される予定である。

S-K179(トヨタZBC-MUM1NAE)

2023年度に新製された燃料電池バスSORAの最新鋭車。前中扉間右側に自動収納型シートとフリースペースがあるレイアウトは前年度車と同一。深川に3台、有明に2台配置された。

リヤ

車内

Y-H176(トヨタZBC-MUM1NAE)

2022年度に導入された燃料電池バスSORA。水素ステーションが各地に開設されてSORAの活躍の場が広がり、2023年度には初めて港南に2台配置された。(写真提供：東京都交通局)

S-G175（トヨタZBC-MUM1NAE）

2021年度に導入されたSORA。MUFG（三菱ファイナンシャルグループ）が東京都交通局・大阪シティバス・南海バスに1台ずつ寄付したもので、MUFGのラッピングが施されている。

S-F141（トヨタZBC-MUM1NAE）

SORAの2020年度車は、品川に14台、江戸川に13台、深川に5台。2020年度からSORAのラッピングが解禁され、F141は福島県浪江町の子どもたちの絵でクリーンな水素をPRしている。

B-F561（いすゞ 2PG-LV290N3）

前年度に続いて2020年度に増備されたエルガの2PG-車。全車がカラーLED表示器を装備し、座席はラッシュ型である。新宿・小滝橋・青梅を除く営業所・支所に計130台配置された。

S-K259（三菱ふそう2PG-MP38FK）

2023年度に80台新製されたエアロスターの最新鋭車。エンジン6M60型、ホイールベース4800㎜のアリソン製トルコンAT車。2023年度車は中扉以降の座席が両側2人掛けに変更された。

S-G704（三菱ふそう2PG-MP38FK）

2021年度に140台採用されたエアロスター。冷房装置は三菱重工製である。中扉の向かい側に車椅子・ベビーカーの固定スペースがあり、中扉以降は右側2列だけ1人掛けとなった。

S-G714（三菱ふそう2PG-MP38FK）

エアロスターの2021年度車のうち、G714は“ナックルカラー”、G781は100周年記念デザインにラッピングされている。なお、2021年度車以降は全車に白色LED表示器が装着された。

B-H863（三菱ふそう2PG-MP38FK）

エアロスターの2022年度車は、H863が1951 ～ 58年度のカラー、H894が1959 ～ 61年度のカラー、H959が1968 ～ 80年度のカラー、H971が1980・81年度のカラーにラッピングされた。

リヤ

J-H992（三菱ふそう2PG-MP38FK）

エアロスターの2022年度車のうち、均一運賃仕様は88台が都区内に配置された。2022年度車から冷房がデンソー製に変更され、車内中央にも次停留所名表示器が設置されている。

車内

W-H883（三菱ふそう2PG-MP38FK）

エアロスターの2022年度車のうち、多区間運賃仕様は9台が青梅に配置された。座席は中扉以降が両側2人掛けの都市型である。H883は100周年記念デザインがラッピングされている。

現有車両一覧表 (2024年4月1月現在)

車両一覧表凡例

■2KG-LR290J3 (JBUS)　S-D513 東210あ5103 18 深 ○

① ② ③ ④ ⑤ ⑥ ⑦ ⑧

①車台型式

②ボディメーカー

③営業所記号

A：品川／B：渋谷／C：新宿／D：杉並／E：小滝橋／F：練馬／H：千住／J：有明／K：南千住／L：江東／N：北／P：巣鴨／R：臨海／S：深川／T：早稲田／V：江戸川／W：青梅／Y：港南／Z：青戸

④局番

⑤登録番号

品：品川／練：練馬／足：足立／八：八王子／杉：杉並／葛：葛飾／東：江東

⑥年式（登録年西暦の下２桁）

⑦所属営業所・支所

品：品川／港：港南／渋：渋谷／宿：新宿／小：小滝橋／杉：杉並／早：早稲田／梅：青梅／巣：巣鴨／北：北／練：練馬／千：千住／南：南千住／青：青戸／東：江東／江：江戸川／臨：臨海／深：深川／有：有明

⑧用途

○：一般路線車／□：貸切車

いすゞ

■2KG-LR290J3 (JBUS)		
S-D513	東 210 あ 5103	18深○

■P-LV234L1 (JBUS)		
A-T179	品 200 か 2079	09品○
A-T180	品 200 か 2080	09品○
A-T181	品 200 か 2081	09品○
A-T182	品 200 か 2116	09品○
A-T183	品 200 か 2117	09品○
A-T184	品 200 か 2118	09品○
A-T185	品 200 か 2119	09品○
A-T186	品 200 か 2120	09品○
A-T187	品 200 か 2121	09品○
B-T188	品 200 か 2096	09渋○
B-T189	品 200 か 2097	09渋○
B-T190	品 200 か 2122	09渋○
L-T191	足 200 か 4416	09東○
L-T192	足 200 か 4417	09東○
N-T193	練 200 か 2220	09北○
E-T194	練 200 か 2204	09小○
E-T195	練 200 か 2205	09小○
R-T196	足 230 あ 196	09臨○
J-T198	足 200 か 3115	09有○
J-T199	足 200 か 3116	09有○
H-T200	足 200 か 2101	09千○
H-T201	足 200 か 2102	09千○
H-T202	足 200 か 2103	09千○
H-T203	足 200 か 2104	09千○
S-T204	足 200 か 2063	09深○
S-T205	足 200 か 2077	09深○
R-T206	足 200 か 2078	09臨○
L-T207	足 200 か 4436	09東○
S-T208	足 200 か 2711	09深○
S-T211	足 200 か 2085	09深○
S-T212	足 200 か 2086	09深○
S-T213	足 200 か 2087	09深○
S-T214	足 200 か 2105	09深○
S-T215	足 200 か 2106	09深○
S-T216	足 200 か 2107	09深○
S-T217	足 200 か 2108	09深○
S-T218	足 200 か 2112	09深○
S-T219	足 200 か 2113	09深○
S-T220	足 200 か 2114	09深○
P-T209	練 200 か 2922	09巣○
P-T210	練 200 か 2923	09巣○
V-T221	足 200 か 2037	09江○
V-T222	足 200 か 2038	09江○
V-T223	足 200 か 2039	09江○
V-T224	足 200 か 2040	09江○
V-T225	足 200 か 2041	09江○
V-T226	足 200 か 2081	09江○
V-T227	足 200 か 2082	09江○
V-T228	足 200 か 2083	09江○
N-T229	練 200 か 2197	09北○
F-T230	練 200 か 2226	09練○

■QPG-LV234L3 (JBUS)		
B-X270	品 200 か 2516	12渋○
B-X271	品 200 か 2517	12渋○
B-X272	品 200 か 2518	12渋○
S-X273	足 200 か 2594	12深○
S-X274	足 200 か 2595	12深○
S-X275	東 200 か 200	12深○
V-X276	足 200 か 2582	12江○
S-X277	足 200 か 2584	12深○
S-X278	足 200 か 2585	12深○
S-X279	足 200 か 2601	12深○
S-X280	足 200 か 2602	12深○
S-X281	足 200 か 2603	12深○
S-Z502	足 200 か 2977	14深○
E-Z503	練 200 か 3696	14小○
E-Z504	練 200 か 3697	14小○
E-Z505	練 200 か 3698	14小○
S-Z506	足 200 か 3008	14深○
S-Z507	足 200 か 3009	14深○
S-Z508	足 200 か 3010	14深○
Z-Z509	葛 200 か 41	14青○
Z-Z510	葛 200 か 61	14青○
Z-Z511	葛 200 か 62	14青○
P-Z512	練 200 か 2916	14巣○
P-Z513	練 200 か 2924	14巣○
P-Z514	練 200 か 2925	14巣○
P-Z515	練 200 か 2941	14巣○
P-Z516	練 200 か 2943	14巣○
P-Z517	練 200 か 2944	14巣○
L-Z518	足 200 か 2955	14東○
L-Z519	足 200 か 2956	14東○
L-Z520	足 200 か 2957	14東○
L-Z521	足 200 か 2990	14東○
L-Z522	足 200 か 2991	14東○
L-Z523	足 200 か 2992	14東○
R-Z524	足 200 か 2973	14臨○
R-Z525	足 200 か 2974	14臨○
R-Z526	足 200 か 3050	14臨○
R-Z527	足 200 か 3051	14臨○
R-Z528	足 200 か 3052	14臨○
D-Z529	練 200 か 2918	14杉○
D-Z530	練 200 か 2919	14杉○
C-Z531	練 200 か 2920	14宿○
C-Z532	練 200 か 2969	14宿○
K-Z533	足 200 か 2963	14南○
K-Z534	足 200 か 2964	14南○
A-Z535	品 200 か 2812	14品○
A-Z536	品 200 か 2813	14品○
A-Z537	品 200 か 2814	14品○
A-Z538	品 200 か 2815	14品○
A-Z539	品 200 か 2829	14品○
A-Z540	品 200 か 2830	14品○
A-Z541	品 200 か 2831	14品○
V-Z543	足 200 か 4209	14江○
F-Z544	練 200 か 2958	14練○
F-Z545	練 200 か 2959	14練○
E-Z546	練 200 か 2930	14小○
E-Z547	練 200 か 2931	14小○
E-Z548	練 200 か 2932	14小○
E-Z550	練 200 か 2933	14小○
V-Z551	足 200 か 3026	14江○
V-Z552	足 200 か 3027	14江○
V-Z553	足 200 か 3028	14江○
V-Z554	足 200 か 3029	14江○
V-Z555	足 200 か 3033	14江○
V-Z556	足 200 か 3034	14江○
V-Z557	足 200 か 3035	14江○
V-Z558	足 200 か 3036	14江○
V-Z559	足 200 か 3060	14江○
V-Z560	足 200 か 3061	14江○
V-Z561	足 200 か 3062	14江○
H-Z562	足 200 か 3054	14千○
H-Z563	足 200 か 3055	14千○
A-A570	品 200 か 2950	15品○
A-A571	品 200 か 2951	15品○
A-A572	品 200 か 2952	15品○
A-A573	品 200 か 2953	15品○
N-A577	練 230 い 577	15北○
Y-A578	品 200 か 2897	15港○
Y-A579	品 200 か 2898	15港○
Y-A580	品 200 か 2904	15港○

Y-A581	品 200 か 2905	15港○
Z-A582	葛 200 か 59	15青○
B-A010	品 200 か 2959	15渋□
B-A584	品 200 か 2960	15渋○
C-A588	練 200 か 3074	15宿○
C-A589	練 200 か 3075	15宿○
E-A590	練 200 か 3062	15小○
E-A591	練 200 か 3063	15小○
V-A595	足 200 か 4226	15江○
D-A596	杉 200 か 29	15杉○
L-A597	足 230 う 597	15東○
P-A608	練 200 か 3057	15巣○
P-A609	練 200 か 3058	15巣○
P-A610	練 200 か 3070	15巣○
P-A611	練 200 か 3071	15巣○
P-A612	練 200 か 3082	15巣○
P-A613	練 200 か 3083	15巣○
P-A614	練 200 か 3084	15巣○
P-A615	練 200 か 3085	15巣○
P-A616	練 200 か 3086	15巣○
N-A622	練 200 か 3052	15北○
N-A623	練 200 か 3053	15北○
F-A624	練 200 か 3033	15練○
F-A625	練 200 か 3034	15練○
F-A626	練 200 か 3039	15練○
F-A627	練 200 か 3040	15練○
H-A628	足 200 か 3282	15千○
H-A629	足 200 か 3283	15千○
H-A630	足 200 か 3284	15千○
K-A634	足 200 か 3175	15南○
R-A635	足 200 か 3176	15臨○
R-A636	足 200 か 3195	15臨○
Z-A637	足 200 か 3196	15青○
Z-A638	足 200 か 3197	15青○
V-A639	足 200 か 3231	15江○
V-A640	足 200 か 3255	15江○
V-A641	足 200 か 3256	15江○
V-A643	足 200 か 3269	15江○
V-A644	足 200 か 3270	15江○
J-A647	東 200 か 105	15有○
J-A648	東 200 か 104	15有○
J-A650	東 200 か 103	15有○
L-A651	足 200 か 3206	15東○
L-A652	足 200 か 3221	15東○
L-A653	足 200 か 3259	15東○
L-A654	足 200 か 3260	15東○
L-A655	足 200 か 3278	15東○
L-A656	足 200 か 3279	15東○
R-A659	足 200 か 3174	15臨○
R-A660	足 200 か 3203	15臨○
R-A661	足 200 か 3204	15臨○
R-A662	足 200 か 3237	15臨○
S-A663	東 200 か 201	15深○
S-A664	足 200 か 3165	15深○
S-A665	足 200 か 3166	15深○
S-A666	足 200 か 3178	15深○
S-A667	足 200 か 3179	15深○
A-A574	品 200 か 2965	16品○
A-A575	品 200 か 2966	16品○
A-A576	品 200 か 2967	16品○
B-A585	品 200 か 2962	16渋○
B-A586	品 200 か 2963	16渋○
B-A587	品 200 か 2964	16渋○
E-A592	練 200 か 3107	16小○
E-A593	練 200 か 3108	16小○
E-A594	練 200 か 3109	16小○
D-A598	杉 200 か 57	16杉○
D-A599	杉 200 か 58	16杉○
D-A600	杉 200 か 59	16杉○
V-A601	足 200 か 4206	16江○
T-A602	練 200 か 3104	16早○
T-A603	練 200 か 3105	16早○
T-A604	練 200 か 3106	16早○
P-A617	練 200 か 3101	16巣○
P-A618	練 200 か 3102	16巣○
P-A619	練 200 か 3103	16巣○
P-A620	練 200 か 3110	16巣○
P-A621	練 200 か 3111	16巣○
K-A631	足 200 か 3310	16南○
K-A632	足 200 か 3311	16南○
K-A633	足 200 か 3312	16南○
V-A645	足 200 か 3294	16江○
V-A646	足 200 か 3295	16江○
L-A657	足 200 か 3302	16東○
R-A658	足 200 か 4456	16臨○
S-A668	足 200 か 3313	16深○
S-A669	足 200 か 3314	16深○
S-A670	足 200 か 3315	16深○
S-A671	足 200 か 3316	16深○

■QKG-LV234L3（JBUS）

W-A605	八 200 か 1966	15梅○
W-A606	八 200 か 1970	15梅○
W-A607	八 200 か 1971	15梅○

■QQG-LV234L3（JBUS）

Z-X290	足 200 か 2614	12青○
Z-X291	足 200 か 2615	12青○
R-X292	足 200 か 2620	12臨○
R-X293	足 200 か 2621	12臨○
R-X294	足 200 か 2985	12臨○
R-X295	足 200 か 2986	12臨○
C-X296	練 200 か 3135	12宿○
C-X297	練 200 か 3136	12宿○

■QDG-LV290N1（JBUS）

A-B703	品 200 か 3052	16品○
A-B704	品 200 か 3053	16品○
A-B705	品 200 か 3054	16品○
A-B706	品 200 か 3055	16品○
A-B707	品 200 か 3057	16品○
A-B708	品 200 か 3058	16品○
A-B709	品 200 か 3059	16品○
A-B710	品 200 か 3060	16品○
A-B711	品 200 か 3069	16品○
A-B712	品 200 か 3070	16品○
A-B713	品 200 か 3071	16品○
Y-B714	品 200 か 3048	16港○
Y-B715	品 200 か 3050	16港○
Y-B716	品 200 か 3051	16港○
V-B717	足 200 か 4207	16江○
C-B718	練 200 か 3205	16宿○
C-B719	練 200 か 3218	16宿○
E-B720	練 200 か 3253	16小○
E-B721	練 200 か 3254	16小○
E-B722	練 200 か 3255	16小○
D-B723	杉 200 か 77	16杉○
D-B724	杉 200 か 78	16杉○
D-B725	杉 200 か 83	16杉○
D-B726	杉 200 か 84	16杉○
J-B727	東 200 か 70	16有○
T-B728	練 200 か 3223	16早○
T-B729	練 200 か 3224	16早○
W-B730	八 200 か 2099	16梅○
P-B735	練 200 か 3207	16巣○
P-B736	練 200 か 3208	16巣○
N-B740	練 200 か 3240	16北○
N-B741	練 200 か 3241	16北○
N-B743	練 200 か 3243	16北○
N-B744	練 200 か 3244	16北○
H-B745	足 200 か 3434	16千○
H-B746	足 200 か 3435	16千○
H-B747	足 200 か 3444	16千○
H-B748	足 200 か 3445	16千○
V-B753	足 200 か 3432	16江○
V-B754	足 200 か 3433	16江○
Z-B755	足 200 か 3423	16青○
Z-B756	足 200 か 3424	16青○
L-B758	足 200 か 3459	16東○
L-B759	足 200 か 3460	16東○
L-B760	足 200 か 3461	16東○
L-B761	足 200 か 3486	16東○
L-B762	足 200 か 3487	16東○
L-B763	足 200 か 3488	16東○
J-B764	東 200 か 71	16有○
J-B765	東 200 か 72	16有○
R-B766	足 200 か 3440	16臨○
R-B767	足 200 か 3470	16臨○
R-B768	足 200 か 3471	16臨○
R-B769	足 200 か 3472	16臨○
R-B770	足 200 か 3493	16臨○
R-B771	足 200 か 3494	16臨○
V-B772	足 200 か 3495	16江○
V-B773	足 200 か 3496	16江○
V-B774	足 200 か 3417	16江○
V-B775	足 200 か 3418	16江○
V-B776	足 200 か 3419	16江○
S-B780	足 200 か 3448	16深○
S-B781	足 200 か 3450	16深○
S-B782	足 200 か 3451	16深○
S-B783	足 200 か 3452	16深○
W-B731	八 200 か 2108	17梅○
W-B732	八 200 か 2109	17梅○
W-B733	八 200 か 2114	17梅○
W-B734	八 200 か 2115	17梅○
P-B737	練 200 か 3256	17巣○
P-B738	練 200 か 3257	17巣○
P-B739	練 200 か 3258	17巣○
H-B750	足 200 か 3507	17千○
S-B751	東 200 か 118	17深○
S-B752	東 200 か 117	17深○
Z-B757	足 200 か 3515	17青○
V-B777	足 200 か 3500	17江○
S-B778	東 200 か 127	17深○
S-B779	東 200 か 128	17深○
B-B784	品 200 か 3125	17渋○
B-B785	品 200 か 3126	17渋○
B-B786	品 200 か 3127	17渋○
B-B787	品 200 か 3130	17渋○
B-B788	品 200 か 3131	17渋○
B-B789	品 200 か 3132	17渋○
B-B790	品 200 か 3133	17渋○

B-B791	品 200 か 3136	17渋○
B-B792	品 200 か 3137	17渋○
K-B793	足 200 か 3546	17南○
K-B794	足 200 か 3547	17南○
K-B795	足 200 か 3548	17南○
K-B796	足 200 か 3550	17南○
K-B797	足 200 か 3551	17南○
K-B798	足 200 か 3552	17南○
K-B799	足 200 か 3553	17南○
K-B700	足 200 か 3554	17南○

■ 2DG-LV290N2（JBUS）

A-C200	品 230 え 200	17品○
A-C201	品 230 け 201	17品○
A-C202	品 230 き 202	17品○
Y-C203	品 230 う 203	17港○
Y-C204	品 230 え 204	17港○
C-C205	練 230 え 205	17宿○
C-C206	練 230 え 206	17宿○
C-C207	練 230 う 207	17宿○
B-C208	品 230 あ 208	17渋○
B-C209	品 230 い 209	17渋○
B-C210	品 230 あ 210	17渋○
B-C211	品 230 い 211	17渋○
D-C215	杉 210 あ 215	17杉○
D-C216	杉 210 あ 216	17杉○
P-C223	練 230 い 223	17巣○
P-C224	練 230 あ 224	17巣○
P-C225	練 230 い 225	17巣○
H-C229	足 230 あ 229	17千○
H-C230	足 230 あ 230	17千○
H-C231	足 230 あ 231	17千○
N-C236	練 230 あ 236	17北○
N-C237	練 230 あ 237	17北○
N-C238	練 230 あ 238	17北○
F-C245	練 230 あ 245	17練○
F-C246	練 230 い 246	17練○
K-C247	足 230 い 247	17南○
K-C248	足 230 あ 248	17南○
K-C250	足 230 あ 250	17南○
Z-C251	足 230 あ 251	17青○
Z-C252	足 230 い 252	17青○
Z-C253	足 230 あ 253	17青○
Z-C254	足 230 い 254	17青○
V-C255	足 230 あ 255	17江○
L-C256	足 230 あ 256	17東○
L-C257	足 230 あ 257	17東○
V-C261	足 230 あ 261	17江○
V-C262	足 230 あ 262	17江○
V-C263	足 230 あ 263	17江○
V-C272	足 230 あ 272	17江○
R-C273	足 230 い 273	17臨○
R-C274	足 230 あ 274	17臨○
R-C275	足 230 あ 275	17臨○
R-C276	足 230 あ 276	17臨○
J-C277	東 200 か 94	17有○
J-C278	東 200 か 95	17有○
E-C212	練 230 う 212	18小○
E-C213	練 230 か 213	18小○
E-C214	練 230 い 214	18小○
D-C217	杉 210 あ 217	18杉○
D-C218	杉 210 あ 218	18杉○
T-C219	練 230 い 219	18早○
T-C220	練 230 い 220	18早○
T-C221	練 230 う 221	18早○
T-C222	練 200 う 222	18早○
P-C226	練 230 あ 226	18巣○
P-C227	練 230 あ 227	18巣○
P-C228	練 230 あ 228	18巣○
H-C232	足 230 あ 232	18千○
H-C233	足 230 あ 233	18千○
H-C234	足 230 あ 234	18千○
S-C235	東 200 か 207	18深○
N-C239	練 230 あ 239	18北○
N-C240	練 230 あ 240	18北○
N-C241	練 230 あ 241	18北○
N-C243	練 230 あ 243	18北○
N-C244	練 230 あ 244	18北○
L-C258	足 230 あ 258	18東○
L-C259	足 230 あ 259	18東○
L-C260	足 230 い 260	18東○
V-C264	足 230 あ 264	18江○
V-C265	足 230 あ 265	18江○
V-C266	足 230 あ 266	18江○
V-C267	足 230 あ 267	18江○
S-C268	足 230 あ 268	18深○
S-C269	足 230 あ 269	18深○
S-C270	足 230 あ 270	18深○
S-C271	足 230 あ 271	18深○
K-C281	足 230 あ 281	18南○
K-C282	足 230 あ 282	18南○
K-C283	足 230 あ 283	18南○
L-C284	足 230 あ 284	18東○
L-C285	足 230 う 285	18東○
L-C286	足 230 い 286	18東○
S-C287	足 230 あ 287	18深○
S-C288	足 230 い 288	18深○
S-C289	足 230 あ 289	18深○
S-C290	足 230 あ 290	18深○
E-D300	練 230 う 300	18小○
K-D301	足 230 え 301	18南○
P-D302	練 230 う 302	18巣○
P-D303	練 230 あ 303	18巣○
T-D304	練 230 い 304	18早○
S-D305	足 230 う 305	18深○
L-D306	足 200 か 4315	18東○
L-D307	足 200 か 4316	18東○
K-D308	足 230 い 308	18南○
K-D309	足 230 い 309	18南○
B-D310	品 230 え 310	18渋○
B-D311	品 230 い 311	18渋○
R-D312	足 230 う 312	18臨○
R-D313	足 230 い 313	18臨○
V-D314	足 230 い 314	18江○
V-D315	足 230 あ 315	18江○
V-D316	足 230 あ 316	18江○
B-D317	品 230 か 317	18渋○
B-D318	品 230 い 318	18渋○
Y-D319	品 230 あ 319	18港○
Y-D320	品 230 う 320	18港○
R-D321	足 230 あ 1900	18臨○
R-D322	足 230 あ 1904	18臨○
L-D323	足 230 あ 1896	18東○
Z-D324	足 230 あ 1908	18青○
Z-D325	足 230 あ 1912	18青○
Z-D326	足 230 あ 1920	18青○
B-D327	品 230 あ 1924	18渋○
B-D328	品 230 あ 1928	18渋○
B-D329	品 230 あ 1932	18渋○
B-D330	品 230 あ 1936	18渋○
B-D331	品 230 あ 1948	19渋○
B-D332	品 230 あ 1952	19渋○
C-D333	練 230 あ 1956	19宿○
N-D334	練 230 あ 1960	19北○
J-D335	東 200 か 96	19有○
J-D336	東 200 か 97	19有○
J-D337	東 200 か 98	19有○
R-D338	足 230 か 338	19臨○
R-D339	足 230 う 339	19臨○
P-D340	練 230 あ 1972	19巣○
H-D341	足 230 い 341	19千○
H-D343	足 230 あ 343	19千○
H-D344	足 230 あ 344	19千○
H-D345	足 230 あ 345	19千○
H-D346	足 230 か 346	19千○
H-D347	足 230 あ 347	19千○
H-D348	足 230 あ 2012	19千○
H-D350	足 230 あ 2016	19千○
H-D351	足 230 あ 351	19千○
V-D352	足 200 か 4411	19江○
V-D353	足 200 か 4410	19江○
B-D354	品 230 あ 354	19渋○
B-D355	品 230 あ 355	19渋○
B-D356	品 230 い 356	19渋○
C-D357	練 230 あ 357	19宿○
L-D358	足 230 あ 358	19東○
T-D359	練 230 あ 1980	19早○
T-D360	練 230 あ 360	19早○
T-D361	練 230 あ 361	19早○
E-D362	練 230 あ 1988	19小○
S-D363	足 230 あ 1984	19深○
L-D364	足 230 あ 364	19東○
L-D365	足 230 あ 365	19東○
N-D366	練 200 い 2000	19北○
N-D367	練 230 あ 2008	19北○

■ 2PG-LV290N3（JBUS）

Y-E370	品 230 い 370	19港○
Y-E371	品 230 い 371	19港○
Y-E372	品 230 い 372	19港○
Y-E373	品 230 い 373	19港○
Y-E374	品 230 い 374	19港○
Y-E375	品 230 い 375	19港○
Y-E376	品 230 あ 376	19港○
P-E377	練 200 か 3604	19巣○
B-E378	品 230 あ 378	19渋○
B-E379	品 230 あ 379	19渋○
B-E380	品 230 う 380	19渋○
B-E381	品 230 う 381	19渋○
B-E382	品 230 い 382	19渋○
B-E383	品 230 い 383	19渋○
B-E384	品 230 あ 384	19渋○
B-E385	品 230 あ 385	19渋○
B-E386	品 230 あ 386	19渋○
B-E387	品 230 あ 387	19渋○
B-E388	品 230 あ 388	19渋○
C-E391	練 230 い 391	19宿○
C-E392	練 230 い 392	19宿○
T-E393	練 230 い 393	19早○
T-E394	練 230 あ 394	19早○
T-E395	練 230 う 395	19早○
T-E396	練 230 あ 396	19早○
T-E397	練 230 あ 397	19早○
D-E400	杉 210 あ 400	19杉○
D-E401	杉 210 あ 401	19杉○

D-E402	杉 210 あ 402	19杉○
D-E403	杉 210 い 403	19杉○
W-E404	八 230 あ 404	19梅○
W-E405	八 230 あ 405	19梅○
W-E406	八 230 あ 406	19梅○
W-E407	八 230 あ 407	19梅○
W-E408	八 230 あ 408	19梅○
W-E409	八 230 あ 409	19梅○
W-E410	八 230 あ 410	19梅○
W-E411	八 230 あ 411	19梅○
P-E416	練 230 あ 416	19巣○
P-E417	練 230 あ 417	19巣○
N-E418	練 230 あ 418	19北○
N-E419	練 230 あ 419	19北○
N-E420	練 230 あ 420	19北○
N-E421	練 230 あ 421	19北○
N-E422	練 230 あ 422	19北○
N-E423	練 230 あ 423	19北○
N-E424	練 230 あ 424	19北○
N-E425	練 230 あ 425	19北○
N-E426	練 230 あ 426	19北○
N-E427	練 230 あ 427	19北○
N-E428	練 230 あ 428	19北○
N-E429	練 230 あ 429	19北○
N-E430	練 230 あ 430	19北○
F-E433	練 230 あ 433	19練○
F-E434	練 230 あ 434	19練○
H-E437	足 230 あ 437	19千○
H-E438	足 230 あ 438	19千○
K-E439	足 230 あ 439	19南○
K-E440	足 230 あ 440	19南○
K-E441	足 230 あ 441	19南○
K-E443	足 230 あ 443	19南○
K-E444	足 230 あ 444	19南○
Z-E445	足 230 あ 445	19青○
Z-E446	足 230 あ 446	19青○
Z-E447	足 230 あ 447	19青○
Z-E448	足 230 あ 448	19青○
Z-E450	足 230 い 450	19青○
Z-E451	足 230 い 451	19青○
Z-E452	足 230 い 452	19青○
Z-E453	足 230 い 453	19青○
R-E455	足 230 あ 455	19臨○
R-E456	足 230 い 456	19臨○
R-E457	足 230 あ 457	19臨○
R-E458	足 230 あ 458	19臨○
R-E459	足 230 あ 459	19臨○
R-E460	足 230 い 460	19臨○
R-E461	足 230 あ 461	19臨○
R-E462	足 230 あ 462	19臨○
R-E463	足 230 い 463	19臨○
R-E464	足 230 あ 464	19臨○
S-E465	東 200 か 140	19深○
S-E466	東 200 か 143	19深○
V-E481	足 230 あ 481	19江○
V-E482	足 230 あ 482	19江○
V-E483	足 230 あ 483	19江○
V-E484	足 230 あ 484	19江○
V-E485	足 230 あ 485	19江○
V-E486	足 230 あ 486	19江○
V-E487	足 230 あ 487	19江○
S-E488	東 200 か 135	19深○
S-E489	東 200 か 136	19深○
L-E490	足 230 あ 490	19東○
L-E491	足 230 あ 491	19東○
L-E492	足 230 あ 492	19東○
E-E495	練 230 あ 495	19小○
E-E496	練 230 あ 496	19小○
V-E500	足 230 き 500	19江○
V-E501	足 230 う 501	19江○
V-E502	足 230 う 502	19江○
V-E503	足 230 い 503	19江○
S-E504	東 200 か 208	19深○
S-E505	東 200 か 209	19深○
V-E506	足 230 い 506	19江○
W-E412	八 230 あ 412	20梅○
W-E413	八 230 あ 413	20梅○
W-E414	八 230 あ 414	20梅○
W-E415	八 230 あ 415	20梅○
Z-E454	足 230 あ 454	20青○
V-E507	足 230 う 507	20江○
V-E508	足 230 う 508	20江○
L-E509	足 230 う 509	20東○
L-E510	足 230 う 510	20東○
L-E511	足 230 え 511	20東○
F-E512	練 230 う 512	20練○
F-E513	練 230 え 513	20練○
F-E514	練 230 え 514	20練○
N-E515	練 230 う 515	20北○
N-E516	練 230 う 516	20北○
N-E517	練 230 う 517	20北○
T-E518	練 230 か 518	20早○
T-E519	練 230 か 519	20早○
T-E520	練 230 か 520	20早○
J-E521	足 230 あ 521	20有○
J-E522	足 230 あ 522	20有○
J-E523	足 230 あ 523	20有○
J-E524	足 230 あ 524	20有○
J-E525	足 230 あ 525	20有○
J-E526	足 230 こ 526	20有○
J-E527	足 230 あ 527	20有○
S-E528	東 200 か 202	20深○
B-E529	品 230 あ 529	20渋○
B-E530	品 230 い 530	20渋○
B-E531	品 230 い 531	20渋○
P-E532	練 230 か 532	20巣○
P-E533	練 230 う 533	20巣○
P-E534	練 230 う 534	20巣○
P-E535	練 230 う 535	20巣○
P-E536	練 230 き 536	20巣○
K-E537	足 230 あ 537	20南○
K-E538	足 230 い 538	20南○
S-E539	足 230 い 539	20深○
S-E540	足 230 あ 540	20深○
K-E541	足 230 あ 541	20南○
B-F550	品 230 い 550	20渋○
B-F551	品 230 う 551	20渋○
B-F552	品 230 う 552	20渋○
B-F553	品 230 あ 553	20渋○
B-F554	品 230 あ 554	20渋○
B-F555	品 200 あ 555	20渋○
B-F556	品 230 い 556	20渋○
B-F557	品 230 あ 557	20渋○
B-F558	品 230 あ 558	20渋○
B-F559	品 230 あ 559	20渋○
B-F560	品 230 う 560	20渋○
B-F561	品 230 い 561	20渋○
B-F562	品 230 い 562	20渋○
A-F563	品 230 い 563	20品○
A-F564	品 230 う 564	20品○
Y-F565	品 230 い 565	20港○
D-F566	杉 210 あ 566	20杉○
D-F567	杉 210 あ 567	20杉○
D-F568	杉 210 あ 568	20杉○
Y-F569	品 230 い 569	20港○
T-F570	練 230 あ 570	20早○
T-F571	練 230 あ 571	20早○
T-F572	練 230 あ 572	20早○
T-F573	練 230 あ 573	20早○
T-F574	練 230 あ 574	20早○
T-F575	練 230 あ 575	20早○
F-F576	練 230 あ 576	20練○
F-F577	練 230 あ 577	20練○
F-F578	練 230 あ 578	20練○
F-F579	練 230 あ 579	20練○
F-F580	練 230 あ 580	20練○
F-F581	練 230 あ 581	20練○
F-F582	練 230 あ 582	20練○
F-F583	練 230 あ 583	20練○
F-F584	練 230 あ 584	20練○
S-F585	足 230 あ 585	20深○
S-F586	足 230 あ 586	20深○
H-F587	足 230 あ 587	20千○
H-F588	足 230 う 588	20千○
H-F589	足 230 い 589	20千○
H-F590	足 230 あ 590	20千○
H-F591	足 230 あ 591	20千○
H-F592	足 230 あ 592	20千○
H-F593	足 230 あ 593	20千○
S-F594	足 230 あ 594	20深○
N-F595	練 230 あ 595	20北○
N-F596	練 230 あ 596	20北○
N-F597	練 230 あ 597	20北○
N-F598	練 230 あ 598	20北○
N-F599	練 230 い 599	20北○
N-F600	練 230 あ 600	20北○
N-F601	練 230 あ 601	20北○
N-F602	練 230 あ 602	20北○
N-F603	練 230 あ 603	20北○
N-F604	練 230 い 604	20北○
N-F605	練 230 あ 605	20北○
N-F606	練 230 い 606	20北○
N-F607	練 230 あ 607	20北○
N-F608	練 230 あ 608	20北○
N-F609	練 230 あ 609	20北○
N-F610	練 230 い 610	20北○
N-F611	練 230 あ 611	20北○
N-F612	練 230 あ 612	20北○
N-F613	練 230 あ 613	20北○
N-F614	練 230 あ 614	20北○
N-F615	練 230 あ 615	20北○
L-F616	足 230 え 616	20東○
L-F617	足 230 え 617	20東○
L-F618	足 230 き 618	20東○
L-F619	足 230 う 619	20東○
L-F620	足 230 え 620	20東○
L-F621	足 230 え 621	20東○
L-F622	足 230 え 622	20東○
P-F623	練 230 い 623	20巣○
P-F624	練 230 あ 624	20巣○
A-F625	品 230 あ 625	20品○
A-F626	品 230 あ 626	20品○

A-F627	品 230 い 627	20品○
P-F628	練 230 あ 628	20巣○
P-F629	練 230 あ 629	20巣○
P-F630	練 230 あ 630	20巣○
P-F631	練 230 あ 631	20巣○
P-F632	練 230 い 632	20巣○
P-F633	練 230 い 633	20巣○
P-F634	練 230 い 634	20巣○
A-F635	品 230 い 635	20品○
A-F636	品 230 い 636	20品○
A-F637	品 230 う 637	20品○
R-F638	足 230 あ 638	20臨○
K-F639	足 230 あ 639	20南○
K-F640	足 230 あ 640	20南○
K-F641	足 230 あ 641	20南○
K-F643	足 230 あ 643	20南○
K-F644	足 230 あ 644	20南○
K-F645	足 230 う 645	20南○
K-F646	足 230 あ 646	20南○
K-F647	足 230 あ 647	20南○
S-F650	東 210 あ 650	20深○
S-F651	東 210 あ 651	20深○
S-F652	東 210 あ 652	20深○
S-F653	東 210 あ 653	20深○
S-F654	東 210 あ 654	20深○
S-F655	東 210 あ 655	20深○
S-F656	東 210 あ 656	20深○
V-F657	足 230 あ 657	20江○
V-F658	足 230 あ 658	20江○
V-F659	足 230 あ 659	20江○
V-F660	足 230 あ 660	20江○
V-F661	足 230 い 661	20江○
V-F662	足 230 あ 662	20江○
V-F663	足 230 い 663	20江○
V-F664	足 230 あ 664	20江○
V-F665	足 230 あ 665	20江○
V-F666	足 230 を 666	20江○
V-F667	足 230 う 667	20江○
R-F668	足 230 う 668	20臨○
R-F669	足 230 あ 669	20臨○
R-F670	足 230 い 670	20臨○
R-F671	足 230 い 671	20臨○
R-F672	足 230 い 672	20臨○
R-F673	足 230 い 673	20臨○
H-F674	足 230 い 674	20千○
H-F675	足 230 あ 675	20千○
Z-F676	葛 210 あ 676	20青○
Z-F677	葛 210 あ 677	20青○
V-F678	足 230 あ 678	20江○
E-F679	練 200 か 3694	20小○
L-F680	足 230 う 680	20東○
F-F681	練 230 あ 681	20練○
E-F682	練 200 か 3695	20小○

■ 2PG-RU1ASDJ 改（JBUS）

K-E007	足 201 こ 7	19南□
B-E008	品 200 か 8	19渋□
B-E009	品 230 い 9	19渋□

日産ディーゼル

■ PKG-RA274KAN（西工）

H-S647	足 200 か 1918	08千○
P-S651	練 200 か 2055	08巣○
P-S661	練 200 か 2034	08巣○
P-S662	練 200 か 2035	08巣○
V-S669	足 200 か 1865	08江○
V-S671	足 200 か 1867	08江○
F-S680	練 200 か 2059	08練○
L-S681	足 200 か 1873	08東○
L-S682	足 200 か 1874	08東○
L-S686	足 200 か 1928	08東○
H-S703	足 200 か 1924	08千○
H-S704	足 200 か 1925	08千○

トヨタ

■ ZBC-MUM1NAE（JBUS）

S-D106	足 230 う 106	19深○
S-D107	足 230 う 107	19深○
S-D108	足 230 う 108	19深○
S-D109	足 230 う 109	19深○
S-D110	足 230 い 110	19深○
S-D111	足 201 き 111	19深○
S-D112	足 230 え 112	19深○
V-D113	足 230 う 113	19江○
V-D114	足 230 い 114	19江○
V-D115	足 230 え 115	19江○
V-D116	足 230 う 116	19江○
V-D117	足 230 き 2020	19江○
S-E118	足 230 う 118	20深○
S-E119	足 230 え 119	20深○
S-E120	足 230 え 120	20深○
S-E121	足 230 い 121	20深○
S-E122	足 230 え 122	20深○
V-E123	足 230 け 123	20江○
V-E124	足 230 う 124	20江○
V-E125	足 230 い 125	20江○
V-E126	足 230 い 126	20江○
V-E127	足 230 い 127	20江○
V-E128	足 230 い 128	20江○
V-E129	足 230 あ 129	20江○
V-E130	足 230 あ 130	20江○
V-E131	足 230 い 131	20江○
V-E132	足 230 う 132	20江○
R-E133	足 230 う 133	20臨○
R-E134	足 230 あ 134	20臨○
J-E135	足 230 あ 135	20有○
J-E136	足 230 あ 136	20有○
J-E137	足 230 あ 137	20有○
J-E138	足 230 う 138	20有○
J-E139	足 230 あ 139	20有○
J-E140	足 230 い 140	20有○
S-F141	足 230 あ 141	20深○
S-F143	足 230 あ 143	20深○
S-F144	足 230 あ 144	20深○
S-F145	足 230 い 145	20深○
J-F146	東 210 あ 146	20有○
V-F147	足 230 あ 147	20江○
V-F148	足 230 あ 148	20江○
V-F150	足 230 あ 150	20江○
V-F151	足 230 あ 151	20江○
V-F152	足 230 あ 152	20江○
V-F153	足 230 あ 153	20江○
V-F154	足 230 あ 154	20江○
V-F155	足 230 う 155	20江○
V-F156	足 230 あ 156	20江○
V-F157	足 230 あ 157	20江○
V-F158	足 230 い 158	20江○
V-F159	足 230 あ 159	20江○
V-F160	足 230 う 160	20江○
A-F161	品 230 え 161	20品○
A-F162	品 230 い 162	20品○
A-F163	品 230 い 163	20品○
A-F164	品 230 い 164	20品○
A-F165	品 230 い 165	20品○
A-F166	品 230 い 166	20品○
A-F167	品 230 い 167	20品○
A-F168	品 230 う 168	20品○
A-F169	品 230 あ 169	20品○
A-F170	品 230 あ 170	20品○
A-F171	品 230 い 171	20品○
A-F172	品 230 い 172	20品○
A-F173	品 230 い 173	20品○
A-F174	品 230 い 174	20品○
S-G175	東 210 あ 175	22深○
Y-H176	品 230 い 176	23港○
Y-H177	品 230 あ 177	23港○
S-K178	東 210 あ 178	24深○
S-K179	東 210 あ 179	24深○
S-K180	東 210 あ 180	24深○
J-K181	東 210 あ 181	24有○
J-K182	東 210 あ 182	24有○

日野

■ BJG-HU8JLFP（JBUS）

Y-S126	品 200 か 2002	09港○
R-S139	足 200 か 2002	09臨○
R-S147	足 200 か 1966	09臨○
Z-S152	足 200 か 1955	09青○
R-S173	足 200 か 2005	09臨○
R-T255	足 230 い 255	09臨○
D-T256	杉 200 か 92	09杉○
D-T257	杉 200 か 93	09杉○
P-T266	練 200 か 2239	09巣○
F-T271	練 200 か 2229	09練○
F-T272	練 200 か 2230	09練○
F-T273	練 200 か 2231	09練○
S-T278	足 200 か 2126	09深○
Y-T231	品 200 か 2137	10港○
A-T232	品 200 か 2138	10品○
A-T233	品 200 か 2139	10品○
J-T234	東 210 あ 234	10有○
A-T236	品 200 か 2143	10品○
J-T237	東 210 あ 237	10有○
J-T238	東 210 あ 238	10有○
J-T239	東 210 あ 239	10有○
J-T240	東 210 あ 240	10有○
B-T241	品 230 あ 241	10渋○
R-T243	足 200 か 3480	10臨○
D-T245	杉 200 か 210	10杉○
B-T246	品 200 か 2132	10渋○
B-T247	品 200 か 2133	10渋○
B-T248	品 200 か 2135	10渋○
B-T250	品 200 か 2136	10渋○
B-T252	品 200 か 2173	10渋○
C-T253	練 200 か 2250	10宿○
C-T254	練 200 か 2251	10宿○
B-T258	品 230 あ 258	10渋○
B-T259	品 230 う 259	10渋○
B-T260	品 230 い 260	10渋○
D-T262	杉 200 か 69	10杉○
S-T263	足 200 か 2797	10深○
P-T267	練 200 か 2262	10巣○

P-T268	練 200 か 2263	10巣○
R-T270	足 200 か 3481	10臨○
F-T274	練 200 か 2253	10練○
F-T275	練 200 か 2254	10練○
F-T276	練 200 か 2255	10練○
S-T277	足 200 か 2155	10深○
J-T279	東 200 か 100	10有○
J-T280	東 200 か 102	10有○
D-T281	杉 200 か 166	10杉○
R-T282	足 200 か 2130	10臨○
R-T283	足 200 か 2131	10臨○
R-T284	足 200 か 2132	10臨○
R-T285	足 200 か 2152	10臨○

■LJG-HU8JLGP（JBUS）

N-V286	練 230 あ 286	10北○
Y-V287	品 200 か 2276	10港○
Y-V288	品 200 か 2277	10港○
R-V289	足 200 か 3512	10臨○
R-V290	足 200 か 3513	10臨○
R-V291	足 200 か 3514	10臨○
R-V292	足 200 か 3482	10臨○
N-V293	練 200 か 2404	10北○
S-V294	足 200 か 2232	10深○
Z-V295	足 200 か 2257	10青○
Z-V296	足 200 か 2258	10青○
S-V297	足 200 か 2238	10深○
S-V298	足 200 か 2244	10深○
S-V299	足 200 か 2245	10深○
S-V300	足 200 か 2261	10深○
S-V301	足 200 か 2262	10深○
R-V302	足 200 か 2235	10臨○
R-V303	足 200 か 2236	10臨○
R-V304	足 200 か 2246	10臨○
R-V305	足 200 か 2247	10臨○

三菱ふそう

■LKG-MP37FK（MFBM）

S-V306	足 200 か 2275	10深○
V-V307	足 200 か 2276	10江○
V-V308	足 200 か 2277	10江○
V-V309	足 200 か 2278	10江○
S-V310	足 200 か 2280	10深○
S-V311	足 200 か 2281	10深○
S-V312	足 200 か 2282	10深○
S-V313	足 200 か 2288	10深○
S-V314	足 200 か 2289	10深○
F-V315	練 200 か 3605	10練○
A-V319	品 200 か 2298	10品○
A-V320	品 200 か 2299	10品○
B-V328	品 200 か 2302	10渋○
B-V329	品 200 か 2307	10渋○
B-V330	品 200 か 2308	10渋○
B-V331	品 200 か 2309	10渋○
E-V334	練 200 か 2414	10小○
E-V335	練 200 か 2415	10小○
T-V336	練 200 か 2421	10早○
L-V337	足 230 え 337	10東○
J-V338	足 200 か 2712	10有○
S-V339	足 200 か 2713	10深○
T-V343	練 200 か 2424	10早○
T-V344	練 200 か 2425	10早○
P-V347	練 200 か 2406	10巣○
P-V348	練 200 か 2405	10巣○

P-V350	練 200 か 2434	10巣○
P-V351	練 200 か 2435	10巣○
N-V352	練 200 か 2407	10北○
N-V353	練 200 か 2408	10北○
N-V354	練 200 か 2411	10北○
N-V355	練 200 か 2412	10北○
N-V356	練 200 か 2416	10北○
N-V357	練 200 か 2417	10北○
N-V358	練 200 か 2418	10北○
N-V359	練 200 か 2419	10北○
N-V360	練 200 か 2420	10北○
N-V361	練 200 か 2437	10北○
N-V362	練 200 か 2438	10北○
N-V363	練 200 か 2439	10北○
F-V373	練 200 か 2428	10練○
F-V374	練 200 か 2429	10練○
R-V375	足 200 か 2284	10臨○
R-V376	足 200 か 2285	10臨○
V-V377	足 200 か 2291	10江○
V-V378	足 200 か 2292	10江○
H-V382	足 200 か 2268	10千○
H-V383	足 200 か 2269	10千○
K-V386	足 200 か 2279	10南○
S-V316	足 200 か 2327	11深○
J-V317	足 200 か 2328	11有○
J-V318	足 200 か 2329	11有○
A-V321	品 200 か 2310	11品○
A-V322	品 200 か 2311	11品○
A-V323	品 200 か 2312	11品○
A-V324	品 200 か 2320	11品○
A-V325	品 200 か 2321	11品○
A-V326	品 200 か 2324	11品○
A-V327	品 200 か 2325	11品○
B-V332	品 200 か 2313	11渋○
B-V333	品 200 か 2314	11渋○
S-V340	足 200 か 2714	11深○
V-V341	足 200 か 2796	11江○
T-V345	練 200 か 2473	11早○
T-V346	練 200 か 2474	11早○
N-V364	練 200 か 2448	11北○
N-V365	練 200 か 2450	11北○
P-V366	練 200 か 2455	11巣○
H-V367	足 200 か 4217	11千○
N-V368	練 200 か 2465	11北○
N-V369	練 200 か 2466	11北○
N-V370	練 200 か 2467	11北○
N-V372	練 200 か 2469	11北○
V-V379	足 200 か 2320	11江○
V-V380	足 200 か 2321	11江○
V-V381	足 200 か 2322	11江○
K-V384	足 200 か 2325	11南○
K-V385	足 200 か 2326	11南○
L-V387	足 200 か 2307	11東○
L-V388	足 200 か 2308	11東○
L-V389	足 200 か 2309	11東○
L-V390	足 200 か 2313	11東○
L-V391	足 200 か 2314	11東○
L-V392	足 200 か 2315	11東○
V-W393	足 200 か 2386	11江○
V-W394	足 200 か 2387	11江○
V-W395	足 200 か 2403	11江○
V-W396	足 200 か 2404	11江○
V-W397	足 200 か 2408	11江○
V-W398	足 200 か 2409	11江○

V-W399	足 200 か 2410	11江○
V-W400	足 200 か 2416	11江○
V-W401	足 200 か 2417	11江○
F-W402	練 200 か 3606	11練○
S-W403	足 200 か 2382	11深○
S-W404	足 200 か 2383	11深○
S-W405	足 200 か 2399	11深○
S-W406	足 200 か 2400	11深○
S-W407	足 200 か 2411	11深○
S-W408	足 200 か 2412	11深○
S-W409	足 200 か 2413	11深○
J-W410	足 200 か 2439	11有○
J-W411	足 200 か 2440	11有○
A-W414	品 200 か 2361	11品○
A-W415	品 200 か 2362	11品○
A-W416	品 200 か 2381	11品○
A-W417	品 200 か 2382	11品○
A-W418	品 200 か 2392	11品○
A-W419	品 200 か 2393	11品○
A-W420	品 200 か 2395	11品○
A-W421	品 200 か 2396	11品○
A-W422	品 200 か 2403	11品○
A-W423	品 200 か 2404	11品○
H-W426	足 200 か 2380	11千○
H-W427	足 200 か 2430	11千○
H-W428	足 200 か 2431	11千○
H-W429	足 200 か 2441	11千○
H-W430	足 200 か 2443	11千○
L-W432	足 200 か 2424	11東○
L-W433	足 200 か 2425	11東○
L-W434	足 200 か 2447	11東○
L-W435	足 200 か 2448	11東○
E-W443	練 200 か 2552	11小○
E-W444	練 200 か 2553	11小○
E-W445	練 200 か 2567	11小○
E-W446	練 200 か 2568	11小○
E-W447	練 200 か 2576	11小○
E-W448	練 200 か 2577	11小○
B-W450	品 200 か 2390	11渋○
B-W451	品 200 か 2391	11渋○
B-W452	品 200 か 2398	11渋○
B-W453	品 200 か 2399	11渋○
B-W454	品 200 か 2400	11渋○
N-W455	練 200 か 2546	11北○
N-W456	練 200 か 2547	11北○
D-W457	練 200 か 2556	11杉○
D-W458	練 200 か 2557	11杉○
L-W460	足 200 か 3346	11東○
K-W463	足 200 か 2422	11南○
K-W464	足 200 か 2423	11南○
S-W467	足 200 か 2397	11深○
C-W468	練 200 か 2926	11宿○
L-W469	足 200 か 4347	11東○
F-W470	練 200 か 2971	11練○
F-W471	練 200 か 2972	11練○
Y-W472	品 200 か 2408	11港○
Y-W473	品 200 か 2409	11港○
J-W412	足 200 か 2457	12有○
J-W413	足 200 か 2458	12有○
A-W424	品 200 か 2411	12品○
A-W425	品 200 か 2412	12品○
K-W431	足 200 か 2466	12南○
L-W436	足 200 か 2461	12東○
L-W437	足 200 か 2462	12東○

L-W438	足 200 か 2463	12東○
L-W439	足 200 か 2468	12東○
L-W440	足 200 か 2469	12東○
L-W441	足 200 か 2470	12東○
D-W459	練 200 か 2583	12杉○
K-W461	足 200 か 4289	12南○
S-W462	足 200 か 3341	12深○
K-W465	足 200 か 2454	12南○
K-W466	足 200 か 2455	12南○
B-W474	品 200 か 2414	12渋○
B-W475	品 200 か 2415	12渋○

■QKG-MP37FK（MFBM）

S-Y476	足 200 か 2789	13深○
S-Y477	足 200 か 2790	13深○
S-Y478	足 200 か 2791	13深○
S-Y479	足 200 か 2792	13深○
S-Y480	足 200 か 2801	13深○
S-Y481	足 200 か 2802	13深○
S-Y482	足 200 か 2803	13深○
S-Y483	足 200 か 2804	13深○
A-Y484	品 200 か 2610	13品○
A-Y485	品 200 か 2611	13品○
A-Y486	品 200 か 2612	13品○
A-Y487	品 200 か 2613	13品○
T-Y488	練 200 か 2773	13早○
T-Y489	練 200 か 2774	13早○
T-Y490	練 200 か 2775	13早○
T-Y491	練 200 か 2776	13早○
V-Y492	足 200 か 2807	13江○
V-Y493	足 200 か 2808	13江○
V-Y494	足 200 か 2809	13江○
V-Y495	足 200 か 2810	13江○

■2PG-MP38FK（MFBM）

S-G700	東 210 あ 700	21深○
S-G701	東 210 あ 701	21深○
S-G702	東 210 あ 702	21深○
S-G703	東 210 あ 703	21深○
S-G704	東 210 あ 704	21深○
S-G705	東 210 あ 705	21深○
S-G706	東 210 い 706	21深○
S-G707	東 210 あ 707	21深○
S-G708	東 210 あ 708	21深○
S-G709	東 210 あ 709	21深○
S-G710	東 210 あ 710	21深○
S-G711	東 210 あ 711	21深○
S-G712	東 210 あ 712	21深○
S-G713	東 210 あ 713	21深○
S-G714	東 210 あ 714	21深○
S-G715	東 210 あ 715	21深○
R-G716	足 230 あ 716	21臨○
R-G717	足 230 あ 717	21臨○
R-G718	足 230 い 718	21臨○
R-G719	足 230 あ 719	21臨○
V-G720	足 230 い 720	21江○
V-G721	足 230 あ 721	21江○
V-G722	足 230 あ 722	21江○
V-G723	足 230 あ 723	21江○
V-G724	足 230 い 724	21江○
V-G725	足 230 あ 725	21江○
V-G726	足 230 あ 726	21江○
V-G727	足 230 あ 727	21江○
V-G728	足 230 い 728	21江○
V-G729	足 230 あ 729	21江○
V-G730	足 230 う 730	21江○
V-G731	足 230 い 731	21江○
V-G732	足 230 あ 732	21江○
V-G733	足 230 あ 733	21江○
V-G734	足 230 い 734	21江○
V-G735	足 230 あ 735	21江○
V-G736	足 230 い 736	21江○
V-G737	足 230 あ 737	21江○
V-G738	足 230 い 738	21江○
V-G739	足 230 あ 739	21江○
Z-G740	葛 210 あ 740	21青○
Z-G741	葛 210 あ 741	21青○
F-G743	練 230 あ 743	21練○
F-G744	練 230 あ 744	21練○
F-G745	練 230 あ 745	21練○
T-G746	練 230 あ 746	21早○
T-G747	練 230 あ 747	21早○
T-G748	練 230 あ 748	21早○
N-G750	練 230 あ 750	21北○
N-G751	練 230 あ 751	21北○
N-G752	練 230 あ 752	21北○
N-G753	練 230 あ 753	21北○
N-G754	練 230 あ 754	21北○
N-G755	練 230 あ 755	21北○
N-G756	練 230 あ 756	21北○
N-G757	練 230 あ 757	21北○
N-G758	練 230 あ 758	21北○
N-G759	練 230 あ 759	21北○
N-G760	練 230 あ 760	21北○
N-G761	練 230 あ 761	21北○
N-G762	練 230 あ 762	21北○
N-G763	練 230 あ 763	21北○
N-G764	練 230 あ 764	21北○
K-G765	足 230 あ 765	21南○
K-G766	足 230 あ 766	21南○
K-G767	足 230 あ 767	21南○
K-G768	足 230 か 768	21南○
K-G769	足 230 あ 769	21南○
K-G770	足 230 い 770	21南○
K-G771	足 230 え 771	21南○
K-G772	足 230 う 772	21南○
K-G773	足 230 い 773	21南○
K-G774	足 230 え 774	21南○
K-G775	足 230 う 775	21南○
K-G776	足 230 う 776	21南○
K-G777	足 201 あ 777	21南○
K-G778	足 230 い 778	21南○
Y-G779	品 230 あ 779	21港○
Y-G780	品 230 あ 780	21港○
E-G781	練 230 あ 781	21小○
E-G782	練 230 あ 782	21小○
D-G783	杉 210 あ 783	21杉○
D-G784	杉 210 あ 784	21杉○
R-G785	足 230 あ 785	21臨○
R-G786	足 230 あ 786	21臨○
J-G787	東 210 あ 787	21有○
J-G788	東 210 あ 788	21有○
L-G789	足 230 あ 789	21東○
L-G790	足 230 あ 790	21東○
L-G791	足 230 あ 791	21東○
L-G792	足 230 あ 792	21東○
L-G793	足 230 あ 793	21東○
L-G794	足 230 い 794	21東○
L-G795	足 230 あ 795	21東○
L-G796	足 230 あ 796	21東○
L-G797	足 230 あ 797	21東○
L-G798	足 230 あ 798	21東○
P-G799	練 230 あ 799	21巣○
P-G800	練 230 あ 800	21巣○
P-G801	練 230 あ 801	21巣○
P-G802	練 230 あ 802	21巣○
P-G803	練 230 あ 803	21巣○
P-G804	練 230 あ 804	21巣○
P-G805	練 230 あ 805	21巣○
P-G806	練 230 あ 806	21巣○
P-G807	練 230 い 807	21巣○
P-G808	練 230 う 808	21巣○
P-G809	練 230 い 809	21巣○
P-G810	練 230 あ 810	21巣○
H-G811	足 230 か 811	21千○
H-G812	足 230 い 812	21千○
E-G813	練 230 あ 813	21小○
E-G814	練 230 あ 814	21小○
C-G815	練 230 あ 815	21宿○
C-G816	練 230 あ 816	21宿○
C-G817	練 230 あ 817	21宿○
B-G818	品 230 い 818	21渋○
B-G819	品 230 い 819	21渋○
B-G820	品 230 え 820	21渋○
B-G821	品 230 う 821	21渋○
B-G822	品 230 う 822	21渋○
B-G823	品 230 い 823	21渋○
B-G824	品 230 う 824	21渋○
B-G825	品 230 え 825	21渋○
B-G826	品 230 え 826	21渋○
B-G827	品 230 え 827	21渋○
B-G828	品 230 え 828	21渋○
B-G829	品 230 い 829	21渋○
B-G830	品 230 い 830	21渋○
B-G831	品 230 い 831	21渋○
B-G832	品 230 う 832	21渋○
A-G833	品 230 え 833	21品○
A-G834	品 230 う 834	21品○
A-G835	品 230 う 835	21品○
A-G836	品 230 う 836	21品○
A-G837	品 230 う 837	21品○
A-G838	品 230 う 838	21品○
A-G839	品 230 い 839	21品○
A-G840	品 230 い 840	21品○
A-G841	品 230 う 841	21品○
K-H011	足 200 か 4238	22南□
A-H850	品 200 か 3382	22品○
A-H851	品 200 か 3383	22品○
A-H852	品 200 か 3384	22品○
A-H853	品 200 か 3385	22品○
A-H854	品 200 か 3387	22品○
A-H855	品 200 か 3388	22品○
A-H856	品 200 か 3392	22品○
A-H857	品 200 か 3393	22品○
Y-H859	品 200 か 3376	22港○
Y-H860	品 200 か 3377	22港○
B-H863	品 200 か 3365	22渋○
B-H864	品 200 か 3367	22渋○
B-H865	品 200 か 3368	22渋○
B-H866	品 200 か 3389	22渋○
C-H867	練 200 か 3651	22宿○
C-H868	練 200 か 3652	22宿○

E-H869	練 200 か 3627	22小〇
E-H870	練 200 か 3628	22小〇
E-H871	練 200 か 3634	22小〇
E-H872	練 200 か 3648	22小〇
T-H873	練 200 か 3664	22早〇
T-H874	練 200 か 3665	22早〇
W-H875	八 200 か 2578	22梅〇
W-H876	八 200 か 2588	22梅〇
W-H877	八 200 か 2589	22梅〇
W-H878	八 200 か 2592	22梅〇
W-H879	八 200 か 2595	22梅〇
W-H880	八 200 か 2596	22梅〇
W-H881	八 200 か 2602	22梅〇
W-H882	八 200 か 2603	22梅〇
P-H884	練 200 か 3629	22巣〇
P-H885	練 200 か 3630	22巣〇
P-H886	練 200 か 3635	22巣〇
P-H887	練 200 か 3636	22巣〇
P-H888	練 200 か 3637	22巣〇
P-H889	練 200 か 3645	22巣〇
P-H890	練 200 か 3646	22巣〇
P-H891	練 200 か 3677	22巣〇
P-H892	練 200 か 3678	22巣〇
N-H895	練 200 か 3632	22北〇
N-H896	練 200 か 3633	22北〇
N-H897	練 200 か 3640	22北〇
N-H898	練 200 か 3641	22北〇
N-H899	練 200 か 3650	22北〇
F-H950	練 200 か 3656	22練〇
F-H951	練 200 か 3655	22練〇
H-H952	足 200 か 4248	22千〇
H-H953	足 200 か 4250	22千〇
H-H954	足 200 か 4279	22千〇
H-H955	足 200 か 4280	22千〇
H-H956	足 200 か 4298	22千〇
H-H957	足 200 か 4299	22千〇
K-H961	足 200 か 4306	22南〇
Z-H962	葛 200 か 33	22青〇
Z-H963	葛 200 か 34	22青〇
L-H965	足 200 か 4245	22東〇
L-H966	足 200 か 4246	22東〇
L-H967	足 200 か 4312	22東〇
L-H968	足 200 か 4313	22東〇
V-H971	足 200 か 4256	22江〇
V-H972	足 200 か 4263	22江〇
V-H973	足 200 か 4264	22江〇
V-H974	足 200 か 4296	22江〇
V-H975	足 200 か 4297	22江〇
V-H976	足 200 か 4318	22江〇
V-H977	足 200 か 4319	22江〇
R-H982	足 200 か 4254	22臨〇
R-H983	足 200 か 4255	22臨〇
S-H986	東 200 か 123	22深〇
S-H987	東 200 か 124	22深〇
S-H988	東 200 か 129	22深〇
S-H989	東 200 か 130	22深〇
J-H992	東 200 か 121	22有〇
J-H993	東 200 か 122	22有〇
J-H994	東 200 か 133	22有〇
J-H995	東 200 か 134	22有〇
A-H858	品 200 か 3404	23品〇
Y-H861	品 200 か 3401	23港〇
Y-H862	品 200 か 3402	23港〇
W-H883	八 200 か 2617	23梅〇

P-H893	練 200 か 3683	23巣〇
P-H894	練 200 か 3684	23巣〇
H-H958	足 200 か 4328	23千〇
H-H959	足 200 か 4329	23千〇
Z-H964	葛 200 か 36	23青〇
L-H969	足 200 か 4332	23東〇
L-H970	足 200 か 4333	23東〇
V-H978	足 200 か 4326	23江〇
V-H979	足 200 か 4327	23江〇
V-H980	足 200 か 4336	23江〇
V-H981	足 200 か 4337	23江〇
R-H984	足 200 か 4334	23臨〇
R-H985	足 200 か 4335	23臨〇
S-H990	東 200 か 138	23深〇
S-H991	東 200 か 137	23深〇
J-H996	東 200 か 139	23有〇
A-K210	品 200 か 3417	23品〇
A-K211	品 200 か 3437	23品〇
A-K212	品 200 か 3438	23品〇
A-K213	品 200 か 3439	23品〇
Y-K217	品 200 か 3416	23港〇
Y-K218	品 200 か 3418	23港〇
B-K219	品 200 か 3431	23渋〇
B-K220	品 200 か 3432	23渋〇
B-K221	品 200 か 3435	23渋〇
B-K222	品 200 か 3436	23渋〇
C-K223	練 200 か 3716	23宿〇
C-K224	練 200 か 3717	23宿〇
E-K225	練 200 か 3711	23小〇
E-K226	練 200 か 3712	23小〇
E-K227	練 200 か 3750	23小〇
E-K228	練 200 か 3751	23小〇
D-K231	杉 200 か 188	23杉〇
D-K232	杉 200 か 189	23杉〇
T-K235	練 200 か 3758	23早〇
P-K236	練 200 か 3730	23巣〇
P-K237	練 200 か 3731	23巣〇
P-K238	練 200 か 3736	23巣〇
P-K239	練 200 か 3737	23巣〇
P-K240	練 200 か 3744	23巣〇
P-K241	練 200 か 3745	23巣〇
H-K243	足 200 か 4394	23千〇
H-K244	足 200 か 4395	23千〇
H-K245	足 200 か 4438	23千〇
H-K246	足 200 か 4439	23千〇
N-K250	練 200 か 3721	23北〇
N-K251	練 200 か 3722	23北〇
N-K252	練 200 か 3723	23北〇
F-K253	練 200 か 3735	23練〇
F-K254	練 200 か 3734	23練〇
F-K255	練 200 か 3747	23練〇
F-K256	練 200 か 3748	23練〇
S-K257	東 200 か 174	23深〇
S-K258	東 200 か 175	23深〇
S-K259	東 200 か 188	23深〇
J-K263	東 200 か 176	23有〇
J-K264	東 200 か 181	23有〇
K-K265	足 200 か 4396	23南〇
K-K266	足 200 か 4418	23南〇
Z-K267	葛 200 か 50	23青〇
Z-K268	葛 200 か 51	23青〇
Z-K269	葛 200 か 52	23青〇
L-K271	足 200 か 4397	23東〇
L-K272	足 200 か 4398	23東〇

L-K273	足 200 か 4423	23東〇
L-K274	足 200 か 4424	23東〇
L-K275	足 200 か 4431	23東〇
R-K278	足 200 か 4389	23臨〇
R-K279	足 200 か 4390	23臨〇
R-K280	足 200 か 4445	23臨〇
R-K281	足 200 か 4446	23臨〇
V-K282	足 200 か 4385	23江〇
V-K283	足 200 か 4386	23江〇
V-K284	足 200 か 4387	23江〇
V-K285	足 200 か 4421	23江〇
V-K286	足 200 か 4422	23江〇
V-K287	足 200 か 4432	23江〇
V-K288	足 200 か 4433	23江〇
V-K289	足 200 か 4447	23江〇
V-K290	足 200 か 4448	23江〇
V-K291	足 200 か 4450	23江〇
A-K214	品 200 か 3451	24品〇
A-K215	品 200 か 3452	24品〇
A-K216	品 200 か 3453	24品〇
E-K229	練 200 か 3767	24小〇
E-K230	練 200 か 3768	24小〇
T-K233	練 200 か 3729	24早〇
T-K234	練 200 か 3757	24早〇
H-K247	足 200 か 4454	24千〇
H-K248	足 200 か 4455	24千〇
S-K260	東 200 か 193	24深〇
S-K261	東 200 か 194	24深〇
S-K262	東 200 か 195	24深〇
Z-K270	葛 200 か 57	24青〇
L-K276	足 200 か 4460	24東〇
L-K277	足 200 か 4461	24東〇

スカニア

■ 2DG-NB4X2BVJ（VOLGREN）

P-D901	練 230 あ 901	18巣〇
P-D902	練 230 あ 902	18巣〇
P-D903	練 230 あ 903	18巣〇
P-D904	練 230 あ 904	18巣〇
P-D905	練 230 あ 905	18巣〇
N-D906	練 230 あ 906	18北〇
N-D907	練 230 い 907	18北〇
S-D908	東 200 か 146	18深〇
S-D909	東 200 か 147	18深〇
S-D910	東 200 か 148	18深〇
E-D911	練 230 い 911	18小〇
E-D912	練 230 あ 912	18小〇
E-D913	練 230 あ 913	18小〇
E-D914	練 230 あ 914	18小〇
E-D915	練 230 い 915	18小〇
H-D917	足 200 か 4355	18千〇
V-D918	足 200 か 4344	18江〇
K-D926	足 230 あ 926	18南〇
K-D928	足 230 あ 928	18南〇
K-D929	足 230 あ 929	18南〇
H-D916	足 200 か 4354	19千〇
V-D919	足 200 か 4343	19江〇
J-D920	江 200 か 153	19有〇
J-D921	江 200 か 154	19有〇
D-D922	杉 210 あ 922	19杉〇
D-D923	杉 210 あ 923	19杉〇
D-D924	杉 210 あ 924	19杉〇
D-D925	杉 210 あ 925	19杉〇
K-D927	足 230 い 2004	19南〇

【著者プロフィール】
加藤佳一（かとう よしかず）
1963年東京生まれ。東京写真専門学校（現東京ビジュアルアーツ）卒業。1986年にバス専門誌『バス・ジャパン』を創刊。1993年から『ＢＪハンドブックシリーズ』の刊行を続け、バスに関する図書も多数編集。主な著書に『バスで旅を創る！』（講談社＋α新書）、『一日乗車券で出かける東京バス散歩』（洋泉社新書ｙ）、『路線バス終点の情景』（クラッセ）、『シニアバス旅のすすめ』（平凡社新書）、『バス趣味入門』『ビンテージバスに会いたい！』（天夢人）などがある。ＮＰＯ日本バス文化保存振興委員会理事。日本バス友の会会員。

【写真撮影】
加藤佳一（BJエディターズ）

【校正】
小川 章

【協力】
東京都交通局

昭和末期《しょうわまっき》～平成《へいせい》のバス大図鑑《だいずかん》 第《だい》6巻《かん》

東京《とうきょう》都《と》交通局《こうつうきょく》

2024年7月31日　第1刷発行

著　者……………………加藤佳一
発行人……………………高山和彦
発行所……………………株式会社フォト・パブリッシング
〒161-0032　東京都新宿区中落合2-12-26
TEL.03-6914-0121 FAX.03-5955-8101
発売元……………………株式会社メディアパル（共同出版者・流通責任者）
〒162-8710　東京都新宿区東五軒町6-24
TEL.03-5261-1171 FAX.03-3235-4645
デザイン・DTP ………柏倉栄治（装丁・本文とも）
印刷所……………………新星社西川印刷株式会社

ISBN978-4-8021-3476-7 C0026